저자 및 역자 소개

저자 아르투어 쇼펜하우어(Arthur Schopenhauer, 1788~1860)

쇼펜하우어는 베를린대학교 재직 시절, 젊은 강사로서 헤겔에 맞서 강좌를 개설했다가 처참하게 실패하자 대학교수직을 포기하고, 연구(특히 자연과학)와 집필에 몰두한 채 28년 동안 프랑크푸르트에서 은둔생활을 했다. 말년에는 저작을 손질하며 지내다가 1860년에 생을 마감했다. 쇼펜하우어는 헤겔을 중심으로 한 독일 관념론이 맹위를 떨치던 19세기 초반에 이에 맞서 의지의 철학을 주창한 생의 철학자로 우리에게 널리 알려져 있다. 칸트의 인식론과 플라톤의 이데아론, 인도철학의 범신론으로부터 깊은 영향을 받은 그의 사상은 독창적이었으며, 니체를 거쳐 생의 철학, 실존철학, 인간학 등에 영향을 미쳤다.

역자 최성욱

한국외국어대학교 독일어과를 졸업하고 동 대학원에서 로베르트 무질 연구로 문학박사 학위를 받았다. 덕성여자대학교와 백석대학교에서 강의했고, 현재 대전대학교(비교 문학 및 현대 사회와 대중문화), 중앙대학교(그리스비극과 신화), 한국외국어대학교 통번역학과(독일어 읽기)에서 강의하고 있다. 저서로는 『로베르트 무질』『이미지, 문자, 해석』(공저)이 있고, 역서로는 『현대예술 철학』『쇼펜하우어의 토론의 법칙』『알루미늄의 역사』『수레바퀴 아래서』『사랑의 완성』『변신』『데미안』 등이 있다.

쇼펜하우어의 논쟁에서
압도적으로 이기는 38가지 기술

쇼펜하우어의 논쟁에서
압도적으로 이기는
38가지 기술

아르투어 쇼펜하우어 지음
최성욱 옮김

**허점을 찌르고 성질을 돋우며 기만하기까지
비겁하고 영리하게 이기는 논쟁술**

일에일북

모든 토론술의 기초에 대하여

논쟁에서 승리하기 위해서는 무엇보다도 논쟁의 본질, 즉 논쟁에서 실제로 무슨 일이 일어나고 있는가를 잘 생각해야 한다.

상대방의 주장을(혹은 우리가 주장한 것에 대한 반박) 반박하는 수단으로는 두 가지 화술과 두 가지 방법이 있다.

우선 두 가지 화술에는 '논쟁의 내용과 연관된 화술'과 '논쟁 상대방과 연관된 화술'이 있다. 전자의 경우, 우리는 절대적이며 객관적인 진리와 상대방이 주장하는 내용이 일치하지 않는다는 점을 보여줘야 한다. 후자를 택할 시에는 상대방이 이미 인정했거나 주장한 내용이 상대적이며 주관적인 진리와 부합되지 않는다는 점을 입증해야 한다.

두 가지 방법에는 '직접반박'과 '간접반박'이 있다. 직접반박은 상대방 주장의 근거를 공격하는 방법이고, 간접반박은 상대방의 주장이 몰고 올 결과를 공격하는 방법이다.

다시 말해 직접반박은 상대방의 주장이 옳지 않음을 보여준다. 반면에 간접반박은 상대방의 주장이 옳지 않을 수도 있다는 가능성을 보여주는 것이다.

직접반박은 다시 두 가지 방법으로 나눌 수 있다. 우리는 상대방의 주장이 의존하고 있는 여러 근거들이 틀렸다는 것을 보여주거나(상대방 주장의 대전제와 소전제를 문제 삼음), 근거는 인정하되 해당 근거로부터 그의 주장이 도출될 수 없다는 것을 보여주면 된다(상대방의 추론과정을 문제 삼음). 다시 말해 우리는 상대방이 결론을 이끌어낸 추론형식을 공격하는 것이다.

간접반박에는 '간접논증'과 '단순반증'의 두 가지 방법이 있다.

간접논증은 일단 상대방의 주장을 옳다고 받아들인다. 그 다음에 옳다고 인정된 상대방의 또 다른 주장과 연결하여 이를 특정한 결론을 위한 전제로 사용할 경우 어떤 결과가 나오는지 보여준다. 그러면서 상대방의 주장이 자가당착에 빠져있거나 그의 또 다른 주장과 배치되기 때문에 그 결론이 분명한 거짓임을 밝혀낸다.

이로써 그의 주장은 내용상으로나 그가 인정한 다른 사실과의 관계에서나 모두 거짓이 된다. 따라서 우리가 처음에 옳다고 인정한 그의 주장 역시 틀린 주장이 된다. 잘못된 전제로부터 나오는 주장이 항상 잘못된 것은 아니지만, 올바른 전제에서는 오직 올바른 주장만 도출될 수 있기 때문이다.

단순반증은 상대방이 주장한 개념에 포함되는 여러 개별적인 경우(사례)들을 직접 증명함으로써 그의 주장의 보편성을 반박한다. 즉 상대방의 주장이 이 개별적인 경우에 들어맞지 않기 때문에 그 자체로 틀릴 수밖에 없다는 것을 보여준다.

이것이 모든 논쟁의 기본골격이자 뼈대다. 그러므로 이제 우리는 논쟁의 기본구조를 알게 되었다. 모든 논쟁은 근본적으로 이런 기본구조로 소급될 수 있기 때문이다.

하지만 논쟁은 참된 근거를 가지고 진행될 수도 있고 거짓된 근거를 가지고 진행될 수도 있다. 그리고 무엇이 참된 근거이고, 무엇이 거짓된 근거인지는 쉽게 결정할 수 없기 때문에 논쟁이 길고 집요하게 늘어지는 것이다.

애석하게도 우리는 이 지침서를 통해 어떤 것이 진실이고, 또 어떤 것이 거짓인지 구분해낼 수 없다. 논쟁 당사자들도 참과 거짓을 미리 확신하지 못하기 때문이다.

그러므로 이제 나는 객관적으로 옳고 그름을 고려하지 않는 논쟁기술들을 보여줄 것이다. 객관적 사실이라는 문제에 대해서는 그 누구도 확실하게 알 수 없기 때문이다. 무엇이 옳은지는 논쟁이 끝나야 비로소 판가름 날 것이다.

마지막으로 논쟁과 토론이 이뤄지기 위해서는 토론 당사자들 사이에 합의할 수 있는 지점이 있어야 한다는 말을 덧붙이겠다. 원칙적으로 그들은 이것을 기초로 하여 당면한 문제를 판단하기 때문이다. 다시 말해 제시된 첫 명제를 부정하는 사람과는 논쟁을 벌일 수 없다.

21세기에 더욱 유용한 쇼펜하우어의 걸작

이 책을 읽은 어떤 이가 내게 이런 말을 한 적이 있다.

"이 책은 슬프면서도 재미있는 책이다."

이 책이 왜 슬플까? 그것은 아마 이 책에서 쇼펜하우어가 인간의 타고난 우둔함과 추악한 허영심을 적나라하게 보여

주고 있기 때문일 것이다. 쇼펜하우어는 이 책을 통해 수단과 방법을 가리지 않고 토론에서 무조건적으로 자신의 입장을 방어하는 인간의 본능적 술책을 적나라하게 보여주고 있다.

인간의 타고난 허영심은 다른 사람들과의 비교를 통해 자신의 우월함을 입증함으로써 충족된다. 쇼펜하우어에 따르면 이 허영심은 특히 '지력'에서 강하게 발동한다. 즉 인간이면 누구나 자기 머리가 좋다는 소리를 듣고 싶어 한다. 그러다 보니 정치, 사회, 철학, 문학, 심지어 연예인의 스캔들에서까지 논쟁이 붙으면 무조건 이기려 든다.

사실 논쟁에서 이기기 위해서는 우선 신중하게 생각하고, 합리적인 주장을 해야 마땅하다. 하지만 안타깝게도 인간은 타고난 허영심과 함께 우둔함과 경솔함까지 타고났다. 우리의 어리석은 주장은 상대방의 반박을 받아 마땅하지만, 우리는 상대의 반증을 받아들임으로써 상대가 나보다 똑똑하다는 사실을 인정하려고 하지 않는다.

인간의 본성으로부터 야기된 이유 때문에 토론은 '객관적 진리를 탐구한다'는 원래의 순수한 목적으로부터 멀어져 수단과 방법을 가리지 않고, 상대에게 내 주장의 정당성을 입증하는 행위로 변질되고 말았다.

이 책의 가장 큰 장점은 '토론술'이라는 테마를 통해 인간 본성의 문제점에 대해 함께 성찰하고 있다는 것이다. "팔은 안으로 굽는다."는 속담처럼 우리는 자신을 미화하고 꾸미는 데만 익숙하지, 자신의 어두운 면에 대해서 깊이 생각하는 것을 기피한다.

쇼펜하우어는 바로 이 부분을 아이러니와 역설이라는 예리한 칼날로 적나라하게 건드린다. 우리가 이 책을 읽으면서 토해내는 웃음은 어쩌면 자신의 벌거벗은 모습을 남들에게 들켰을 때, 그리고 자신만의 은밀한 생각이 드러났을 때, 부끄러움을 감추기 위해 임시방편으로 어색하게 짓는 웃음일 수도 있다.

이 책은 객관적 진리를 탐구하기 위한 고상하고 점잖은 토론 지침서가 아니다. 왜냐하면 이 책은 토론에서 이기는 법, 다시 말해 자신이 틀렸다는 것을 분명히 알고 있음에도 불구하고, 모든 청중들에게는 자신이 정당하게끔 보이게 만드는 기술을 가르치고 있기 때문이다.

그래서 이 책은 100여 년 전에 나왔음에도 불구하고 오늘날에도 충분히 시사성을 가질 수 있다. 쇼펜하우어의 이 걸출한 책은 19세기에 나왔지만, 21세기 독자들의 요구에 부응하여 나온 책이라는 착각까지 주기에 충분하다.

오늘날 우리에게는 치열한 생존 경쟁의 장에서 살아남기 위해 토론술이 필요하다. 취직과 승진은 물론이고, 하다못해 시장에서 물건 값을 깎을 때에도 우리의 의지를 상대에게 설복할 수 있어야 하기 때문이다.

이 책은 객관적 정당성이나 진실과는 상관없이 논쟁과 토론에서 사용할 수 있는 38가지 토론기술을 담고 있다.

쇼펜하우어는 토론을 칼 대신 머리로 하는 '검술'이라고 정의한다. 토론에서는 결투에 임한 검객처럼 누구의 잘잘 못을 따지는 것은 무의미하다. 중요한 것은 상대를 칼로 찔러 쓰러뜨리는 것이다.

이 책을 다 읽었다면 토론에서 상대의 진짜 의도를 이전보다 빨리 알아낼 수 있을 것이다. 하지만 단순히 토론에서 이기는 기술만을 배우겠다고 생각하는 독자는 이 책이 주는 재미를 반밖에 얻지 못할 것이다.

나머지 반은 쇼펜하우어가 인간 본성의 어두운 면을 어떻게 꿰뚫어보고, 날카롭게 지적하고 있는지 깊이 생각하며, 이에 대해 동료들과 토론해 보는 데 있다. 이 책이 가벼우면서도 무겁게 느껴지는 이유는 바로 이런 숨은 뜻들이 있기 때문일 것이다.

장담하건대, 이 책은 수단과 방법을 가리지 않고 오직 논쟁에서 이기는 기술만을 강조한 것이 결코 아니다. 쇼펜하우어는 이 책을 통해 논쟁과 토론에서 쏟아져 나오는 간계의 실체를 속속들이 들춰냄으로써 누구나 실제의 논쟁과 토론에서 부정직한 기만책들을 금방 알아차리고 나아가 그것들을 물리치게 되기를 소원했다.

쇼펜하우어의 이런 속 깊은 의도가 21세기의 한국 독자들에게 올곧게 전달되기를 진심으로 소원한다.

최성욱

차례

1부_ 강하게 공격하는 기술

2부 _ 더 강하게 반격하는 기술

3부 _ 결론을 이끌어내는 기술

4부_ 위기에서 탈출하는 기술

1부

강하게 공격하는 기술

1

동기부여를 통해
의지에 호소한다

실제로 이 기술을 사용할 수 있으면 다른 기술을 모두 쓸 필요는 없다. 이 기술은 근거를 제시함으로써 지성에 호소하는 것이 아니라, 모티브(동기부여)를 통해 의지에 호소한다.

이 기술을 사용한다면 아무리 어처구니없는 견해라고 할지라도 상대방은 물론이고 그와 이해관계를 같이 하는 청중들까지도 우리의 견해를 받아들이게 될 것이다. 대개의 경우, 10g의 의지가 50kg의 이성이나 확신보다 무겁게 다가오기 때문이다.

이 기술은 특정한 조건 아래에서만 사용할 수 있다. 만약 상대방에게 자신의 견해가 타당하지만 손해로 돌아올 수도 있겠다는 느낌을 준다면, 그는 실수로 뜨거운 쇳덩어리를 잡았을 때처럼 얼른 자신의 견해를 내려놓게 될 것이다.

예를 들어 어떤 철학자가 특정한 철학적 도그마를 옹호할 경우, 우리는 그 견해가 그가 속한 교단의 근본교리와 간접적으로 배치된다는 점을 인식하도록 만들면 된다. 그러면 그는 자신의 주장을 금방 거둬들일 것이다.

많은 땅을 소유하고 있는 부자가 증기기관이 많은 사람들이 할 일을 대신하고 있다며 기계생산 방식의 우수성을 옹호하고 있다고 가정해보자. 그러면 우리는 얼마 후에는 마차도 증기기관으로 대체될 것이고, 그의 목장에 있는 수많은 말들의 값도 폭락하게 될 것이라는 점을 이해시키기만 하면 된다. 그가 어떻게 나올지는 불 보듯 뻔하다.

청중이 우리와 같은 종파, 길드, 직업, 클럽에 속한 사람들이고, 상대방은 그렇지 않을 경우에도 이 기술을 유용하게 사용할 수 있다. 지금까지 상대방이 내세운 주장이 아무리 옳은 것이라고 할지라도, 그의 주장이 앞에서 예로 든 종파나 직업 등의 공동 이익에 배치된다는 사실을 암시해 주기만 하면 된다.

그러면 모든 청중은 상대의 논리가 아무리 훌륭하다고 할지라도, 근거가 없거나 불충분한 주장이라고 생각할 것이다.

반면에 우리 주장은 아무 근거가 없는 허무맹랑한 것이라고 할지라도 올바르며 정확하다고 생각하며, 우리 의견에 동조하는 합창을 목청껏 부를 것이다. 상황이 이쯤 되면 상대방은 창피해서라도 자기 입장을 포기할 수밖에 없다.

이때 대부분의 청중은 자기 확신에서 나온 순수한 마음으로 우리의 견해에 동조했다고 생각한다. 자기에게 불리한 것은 대개 이성적인 시선에서도 이치에 맞지 않는 것처럼 보이기 때문이다.

철학자 베이컨(Bacon)은 다음과 같이 말했다.

"이성은 기름 없이 메마른 상태에서 세상을 비춰줄 수 있는 빛이 아니다. 이성은 의지와 욕망이 흘러들어오는 것을 그냥 받아들인다."

일반적으로 우리는 이 기술을 '유용성을 통한 논증법'이라고 부른다.

1

DATE _____

자기에게 불리한 것은 대개
이성적인 시선에서도
이치에 맞지 않는 것처럼 보이기 때문이다.

자신이 누리고 있는
권위를 최대한 활용한다

이 기술은 존경심을 이용한 논증방법이다. 여러 근거를 대는 대신에 자신이 누리고 있는 권위를 이용하면 된다.

세네카(Seneca)는 『행복한 삶에 관하여』라는 책에서 "사람들은 누구나 스스로 판단하기보다는 남의 말을 그냥 믿으려고 한다."라고 말했다.

그러므로 우리는 존경을 받는 권위를 누리고 있을 때, 논쟁에서 쉽게 이길 수 있다. 상대방의 지식과 능력이 모자라면 모자랄수록 우리가 누리는 권위는 커진다.

반면 상대방의 지식과 능력이 아주 뛰어나다면, 우리가 누릴 수 있는 권위는 작거나 전혀 없을 수도 있다. 그는 기껏해야 자신이 전혀 모르는 과학, 기술, 예술 분야의 권위 정도만 인정해 줄 것이다. 그것도 아주 불신의 눈길로 말이다.

평범한 사람들은 모든 분야의 전문가들에게 깊은 존경심을 가지고 있다. 그들은 전문직에 종사하는 사람들이 일 자체를 사랑한다기보다는 그 일을 통해 벌어들일 돈을 더 사랑한다는 사실을 모르고 있다.

심지어 그들은 전문가들 역시 해박하게 아는 경우가 드물다는 사실도 모른다. 전문적인 일을 깊이 연구하는 사람들은 대개 남을 가르칠 시간이 없기 때문이다. 그래도 그들은 존경할 만한 권위를 가지고 있는 사람으로 대접받는다.

그러므로 우리는 적당한 권위가 없을 때도 마치 그런 권위가 있는 양 행세하며 어떤 권위자가 전혀 다른 의미나 전혀 다른 연관관계에서 주장했던 것을 인용해야 한다.

상대방이 전혀 이해하지 못하는 분야의 권위는 대개의 경우 뛰어난 효과를 발휘한다. 교양이 부족한 사람이라면 아무런 뜻도 없는 희랍어나 라틴어 몇 마디에도 존경심을 느끼기 마련이다. 이처럼 교양이 떨어지는 사람들 대부분은 독서와 별로 친하게 지내지 않으며, 심지어 책을 어떻게 읽어야 하는지도 모른다.

필요하다면 권위를 의도적으로 왜곡할 수도 있을 뿐만 아니라 날조할 수도 있고, 완전히 꾸며낸 권위를 내세울 수도 있다.

가장 좋은 예로는 프랑스 퀴레(Cure)를 들 수 있다. 그는 다른 이웃들과는 달리 자기 집 앞 도로 포장을 원치 않았다. 그때 그는 성서에 나오는 "저들이 아무리 흔들어도, 나는 흔들리지 않으리라(paveant ill, ego nonpavebo)"라는 구절을 인용하여 말했고, 마을 관리의 마음을 설득시켰다.

이것은 paveant와 pavebo가 프랑스어 동사 paver(도로를 포장하다)와 의미가 같다는 데서 근거한 말장난에 불과하다.

보편적 편견 역시 권위처럼 사용할 수 있다. 아리스토텔레스가 『니코마스 윤리학』에서 말한 것처럼, 사람들은 대체로 다수의 눈에 옳게 보이는 것을 진리라고 생각하기 때문이다.

아무리 터무니없는 견해더라도 사람들에게 보편적으로 받아들여지고 있는 견해라고 알려지는 순간, 그들은 아무런 의심 없이 해당 견해를 받아들인다.

그들은 그곳이 어디든 앞서가는 양을 뒤쫓아 가는 양떼다. 그들에게는 죽는 것보다 생각하는 것이 훨씬 어렵다. 선례(先例)는 그들의 생각은 물론이고 행동에도 영향을 미친다.

한 가지 견해의 보편성이 그렇게까지 중요하다는 사실은 매우 이상한 일이다. 아무런 판단도 하지 않은 채 오로지 선례에만 의존해 타인의 의견을 수동적으로 받아들이는 건 어리석은 행동이다. 하지만 그들 스스로는 이런 사실을 모른다. 그들에게는 자기 생각이라는 것이 없기 때문이다.

플라톤은 『국가론』에서 "많은 사람들은 모두 자기 나름대로 견해를 가지고 있다."고 말한 바 있다. 그러나 실제로 이렇게 행동할 수 있는 사람은 선택받은 소수뿐이다. 평범한 사람들의 머릿속에 든 것이라고는 허튼 생각뿐이므로 이 부분을 공략하면 많은 성과를 거둘 수 있다.

그러므로 특정한 견해가 보편성을 갖고 있다는 사실은 그 의견의 참에 대한 증명은커녕 그것이 참이 될 개연성의 근거도 될 수 없다.

만일 그와 같은 주장을 하고 있다면 다음의 사실을 수용해야만 한다.

① 시간상의 거리가 보편성이 가지고 있는 증거력을 빼앗는다.

그렇지 않다면 그들은 한때 보편적 진리로 간주되었던 잘못된 생각들을 다시 진리라고 주장해야만 할 것이다. 프톨레마이우스의 천동설, 혹은 모든 프로테스탄트 국가에서 카톨릭을 다시 재건하려는 것 등이 그 예다.

② 공간상의 거리 역시 이와 동일한 기능을 한다.

그렇지 않다면 불교, 기독교, 이슬람교의 신도들이 생각하는 보편적 종교관이 서로 다르다는 사실이 그들을 당황스럽게 만들 것이다.

우리가 보편적 견해라고 부르는 것도 잘 살펴보면 두세 사람의 견해에 불과하다. 보편적 견해가 어떻게 형성되는지 잘 관찰해 보면 이런 사실을 확신할 수 있다.

즉 우리는 애초에 그런 견해를 받아들이거나 제기하거나 주장하는 사람들은 두세 명에 불과하다는 사실을 인지해야 한다. 그러면 보통 사람들은 그들이 자신의 견해를 철저히 점검했으리라 생각하고 쉽게 믿어버린다는 사실을 발견할 수 있다.

다시 말하자면, 우선 몇몇 사람들이 특정 견해를 주장하는 사람들에게 그럴 만한 능력이 충분히 있으리라는 선입견으로 그들의 의견을 받아들인다. 그 뒤에 더 많은 사람들이 처음에 이 견해를 믿었던 사람들을 그대로 믿는다.

그들의 게으름은 스스로 그 견해를 검증해 보는 번거로움을 감수하기보다는 곧장 믿는 것을 선호하도록 한다. 이런 식으로 게으르며 모든 것을 쉽게 믿어버리는 추종자들의 숫자는 나날이 불어만 간다.

많은 사람들이 순전히 게을러서 동조하고 있다는 것도 모른 채, 이 견해의 추종자들은 주장에 충분한 설득력이 있어서 그런 결과를 낳을 수 있었다고 생각한다.

이쯤 되면 나머지 사람들도 보편타당한 것으로 간주되는

그 견해를 따르지 않을 수 없다. 그들은 자신이 보편타당한 견해에 반대하는 미치광이나 세상에서 가장 똑똑한 체하는 건방진 놈으로 취급받는 것을 원치 않기 때문이다.

결국 이 견해에 동의하는 것은 모든 사람들의 의무가 된다. 그때부터는 스스로 판단할 능력이 있는 소수의 사람들도 침묵해야만 한다.

이런 상황에서 말을 꺼낼 수 있는 사람은 자신의 고유한 의견이나 판단을 내놓을 능력이 전혀 없고, 앵무새처럼 남의 의견을 따라가기만 하는 사람들뿐이다.

하지만 역설적으로 그들은 이 견해의 가장 적극적인 방어자 노릇을 하게 된다. 그들이 자신과 다르게 생각하는 사람을 증오하는 이유는 다른 견해를 가졌기 때문도 아니고, 스스로 판단을 내리고자 하는 오만함 때문도 아니다. 오히려 그들 스스로 이런 의견 개진이나 판단을 내릴 수 없다는 사실을 은연중에 의식하고 있기 때문이다.

생각할 수 있는 능력을 지닌 사람은 소수에 불과하지만, 모든 사람들은 각자의 견해를 가지기를 원하고 있다. 사고할 수 없는 이들이 자기 견해를 스스로 만들어 내려면 다른 사람들의 견해를 받아들이는 것 외에 어떤 방법이 남아 있겠는가! 사정이 이러하니 수억 명의 인간이 똑같이 내는 목소리가 무슨 소용이란 말인가!

수백 명의 역사가들이 쓴 책에서 발견하는 한 가지 역사적 사실도 마찬가지다. 책을 잘 살펴보면, 그들 모두 다른 사람들의 것을 그대로 베껴내려 왔음을 알 수 있다. 따라서 역추적을 이어나가면, 종래에는 단 한 사람의 진술로 소급될 수 있을 것이다.

벨(Bayle)은 『혜성에 대한 여러 가지 생각』이라는 책에서 다음과 같이 말했다.

"나도 그렇게 말하고, 너도 그렇게 말하고, 마지막 남은 사람도 그렇게 말한다. 사람들이 그렇게 말했으니, 지금 우리가 볼 수 있

도록 남아있는 것은 구전되어 내려오는 것뿐이구나."

　설령 그렇다고 해도 우리는 평범한 사람들과 논쟁이 붙었을 때 보편적인 견해를 사용할 수 있다. 평범한 머리를 가진 두 사람이 서로 논쟁을 벌일 경우, 그들은 대개 권위를 무기로 선택한다. 그들은 똑같은 무기를 가지고 서로 치고 받으며 싸운다.

　머리가 좋은 사람이 평범한 사람과 논쟁을 벌일 경우에도 가장 추천해 주고 싶은 무기는 보편적 견해다. 물론 그는 상대방이 보이는 약점에 따라 다른 무기를 선택할 수도 있다. 평범한 인간은 근거라는 무기 앞에서는 제대로 생각하지도, 스스로 판단하지도 못하기 때문이다.

　원래 법정에서는 오로지 권위만을 사용해 논쟁을 벌인다. 여기서 권위란 법률의 권위를 말하며 분명하게 확정되어 있다. 여기서 판단력이 담당하는 일은 주어진 경우에 적용할 수 있는 법률, 즉 권위를 찾아내는 것이다.

하지만 여기서도 토론술을 이용할 여지는 충분히 있다. 소송에 계류된 안건과 법률이 서로 맞아떨어지지 않을 경우, 서로 이가 맞는 것처럼 보일 때까지 이리저리 돌려 맞춤으로써 토론술은 자신의 활동영역을 확보할 수 있다.

2

필요하다면 권위를 의도적으로
왜곡할 수도 있을 뿐만 아니라 날조할 수도 있고,
완전히 꾸며낸 권위를 내세울 수도 있다.

논증이 안 된 내용을 기정사실화하여
전제로 삼는다

우리는 상대방이 눈치채지 못하게 순환논법을 사용할 수
있다.

순환논법이란 선제적으로 증명되어야 하는 주장을 기정
사실화하여 지금 벌어지고 있는 논쟁의 전제조건으로 삼는
허구적 논증 기술이다. 즉 증명되지 않거나 앞으로 증명되어

야 할 명제를 이용하여 다른 명제를 증명하려는 방법이다. 이처럼 아직 논증되지 않은 내용을 기정사실화하는 방법에는 두 가지가 있다.

첫 번째 방법은 서로 다른 명칭을 자의적으로 혼용하거나(예 : '기사의 명예'를 '좋은 평판'으로, '처녀의 순결성'을 '미덕'으로 바꿔서 사용) 서로 바꿀 수 있는 개념을 자기 마음대로 혼용하는 것(예 : '척추동물'을 '적피동물'로 바꿔서 사용)이다.

두 번째 방법은 개별적인 문제를 보편적인 문제인 것처럼 확대해석하는 것이다. 예를 들어 의학의 불확실성을 증명하면서 인간이 알고 있는 지식은 모두 불확실하다고 기정사실화 해버리는 것이다.

반대로 두 가지 사실이 대립할 경우, 한 가지 사실만을 증명하고 이를 근거로 하여 다른 사실도 기정사실로 만들 수 있다.

순환논법이란 선제적으로 증명되어야 하는
주장을 기정사실화하여
지금 벌어지고 있는 논쟁의 전제조건으로 삼는
허구적 논증 기술이다.

_____

_____

_____

_____

_____

4

자기에게 유리한 비유를
신속하게 선택한다

아직 고유한 명칭이 없어 비유를 통해 특징을 지워야 하는 보편적인 개념으로 논쟁이 붙었을 경우, 자기 주장을 펴는 데 유리한 비유를 신속하게 선택해야 한다.

예를 들어 스페인에는 '노예당'과 '자유당'이라는 두 개의 정당이 있다. 이름을 고른 쪽은 분명히 '자유당'일 것이다.

'프로테스탄트'라는 이름은 프로테스탄트 본인들이 직접 선택했고, '복음주의자'라는 이름 역시 복음주의자들이 직접 선택한 명칭이다. 하지만 '이단자'라는 이름은 당사자들이 아니라 카톨릭 교도들이 선택한 이름이다.

이 법칙은 보다 실제적인 내용을 지칭하는 명칭에도 적용된다.

예를 들어 상대가 기존의 내용을 조금 개선한 '변경안'을 내놓으면, 기존의 것을 완전히 뒤엎는 '혁명'이라는 표현으로 바꿔서 말하는 게 유리하다. 혁명이라는 단어에 거부감을 느끼는 보수적인 사람이 있을 것이기 때문이다.

반대로 우리가 이런 제안을 내놓았을 경우, '변경'의 반대로 '기존질서', 그리고 '혁명'의 반대로 '프랑켄산 고급 포도주(포도주는 '오래된 것일수록 좋은 것'이라는 의미의 상징적 표현 – 옮긴이 주)'라는 명칭을 사용해야 한다.

어느 편에도 속하지 않은 어떤 사람이 아무런 의미도 없이 '숭배' 또는 '공식적인 교리'라고 부른 것에 대해서도, 이 명칭을 지지하는 사람들은 '신앙심이 깊다'라든가, '경건하다'라고 말한다. 이에 대해 반대하는 사람은 '광신(狂信)'이나 '미신(迷信)'이라고 말하는 것과 대조적이다.

근본적으로 이 기술은 정교하게 이뤄지는 순환논법이다. 즉 처음에 자신이 밝히고자 하는 바를 분명하게 표현하거나 이름을 붙이고 나면, 이 기술은 그 말이나 이름을 분석·판단함으로써 이뤄진다.

그래서 그가 '자신만의 고유한 개성을 지킨다'라든지, '보호한다'라고 말한 것을 상대방은 '(자신을) 고립, 감금시킨다'라고 말한다.

말하는 사람은 종종 자신이 사물에게 붙인 이름을 통해 의도를 드러내기도 한다. 성직자들을 두고 어떤 사람들은 '수행자'라고 부르고, 또 어떤 사람은 '땡초'라고 부른다.

이것은 가장 많이 사용되는 기술이다. 우리는 이것을 거의 본능적으로 사용한다.

● **사례**

- 신앙심이 깊다 → 종교에 광적으로 빠졌다

- 남자가 여자에게 지나친 친절을 베풀다 → 간통하다

- 구체적으로 표현하기에 부적절한 말 → 음담패설

- 경제적으로 곤란한 처지에 있다 → 파산했다

- 연고를 이용하다 → 학연, 지연, 혈연을 이용하다

- 진심으로 고마움을 표시하다 → 대가를 충분히 지불하다

4

말하는 사람은 종종
자신이 사물에게 붙인 이름을 통해
자신의 의도를 드러내기도 한다.

불합리한 반대주장을 함께 제시해
양자택일하게 한다

상대방이 우리 주장을 받아들이도록 만들기 위해 우리는 원래보다 더 불합리한 반대 주장을 함께 제시하여 선택하도록 해야 한다.

이때 특히 반대되는 내용을 큰 소리로 강조하는 게 중요하다. 이렇게 하면 그는 스스로 논리의 모순에 빠지지 않기 위해, 반대 의견보다 훨씬 타당성이 있어 보이는 우리의 주장을 수용하게 될 것이다.

예를 들어 아버지의 말에 순종해야 한다는 우리 주장을 상대방이 시인할 수밖에 없게 만들려면 상대방에게 이렇게 물어야 한다.

"모든 일에 있어서 부모님의 말씀에 순종해야 합니까, 아니면 복종하지 말아야 합니까?"

또는 상대방이 어떤 사실에 대해 '자주'라는 말을 사용하면, '자주'라는 말을 '적은 경우'로 이해해야 하는지, 아니면 '많은 경우'로 이해해야 하는지 물어본다. 그러면 그는 '많은 경우'라고 말할 것이다.

검은색 옆에 회색이 있으면 회색이 희다고 말하는 반면에, 회색이 흰색 옆에 있으면 회색을 검다고 말하는 것과 같다.

상대방이 우리 주장을 받아들이도록
만들기 위해 우리는 원래보다
더 불합리한 반대 주장을 함께 제시하여
선택하도록 해야 한다.

_____

_____

_____

_____

_____

내용이 없는 말을 심오하고
학술적인 말로 둔갑시킨다

내용이 없는 말들을 기관총처럼 계속 퍼부음으로써 상대를 놀라고 당황하게 만들 수 있다.

　이 기술은 괴테의 『파우스트』에 나오는 다음의 구절에서 근거한다.

보통 사람들은 아무 말이나 들어도

그 속에 뭔가 생각할 게 있다고 믿지요.

상대방이 자신의 약점을 은근히 의식하고 있거나 이해할 수 없는 말을 들으면서도 마치 다 이해하는 듯이 행동하는 사람일 때가 있다.

이때 우리는 겉으로 봤을 땐 심오하거나 학술적인 것처럼 들리지만, 사실 아무 내용이 없는 말들을 아주 심각한 표정으로 내뱉고 우리 견해의 명백한 증거로 제시함으로써 그에게 깊은 인상을 줄 수 있다.

최근에 몇몇 철학자들이 독일 국민 전체를 상대로 이 기술을 아주 성공적으로 사용한 적이 있다는 사실은 매우 유명하다.

6

내용이 없는 말들을 기관총처럼
계속 퍼부음으로써 상대를 놀라고
당황하게 만들 수 있다.

_____

_____

_____

_____

_____

상대방의 대답을 근거로
자기주장의 진실성을 확보한다

논쟁이 어렵고 형식적으로 진행되는 상황에서 자기 의견을
정확하면서도 분명하게 전달하려면, 상대방에게 질문하는
태도를 취해야 한다. 상대방의 입에서 직접 나온 대답을 근
거로 주장의 진실성을 추론해낼 수 있기 때문이다.

이와 같은 문답식 토론방식은 고대 그리스 시대(예:소크라테스식 문답술)에 특히 많이 사용되었다. 지금 설명하고 있는 이 기술은 물론이고, 다른 몇 가지 기술들(8번, 25번)도 바로 이 문답식 토론방식과 연관된다.

자신이 원래 상대방에게 받아내려고 했던 시인이 무엇인지를 숨길 때도 느닷없이 많은 질문을 자세하게 던져야 한다.

이와 반대로 상대방에게서 시인을 받아낸 것들을 토대로 하는 논증은 신속하게 진행해야 한다.

이해가 느린 사람들은 우리의 논증을 제대로 쫓아오지 못하고, 또 논증 과정에서 있을 수 있는 오류나 허점을 제대로 파악하지 못할 수도 있기 때문이다.

7

자신이 원래 상대방에게 받아내려고 했던
시인이 무엇인지를 숨길 때도
느닷없이 많은 질문을 자세하게 던져야 한다.

'예'라는 대답을 얻어낼 수 있는 질문을 던진다

주장의 정당성을 논증하기 위해 상대로부터 '예'라는 대답을 기대하고 던진 질문에 상대가 의도적으로 '아니오'라고 대답할 것 같은 분위기를 눈치챘다면 처음 의도와는 정반대의 내용을 상대방에게 물어야 한다.

그러면 상대방에게 마치 우리가 원래 의도한 것과 반대되는 내용에 대해 긍정적인 답을 얻으려고 하는 것처럼 보일 수 있을 것이다.

최소한 상대방이 두 가지 가능성 중 하나를 선택해야 하는 고민에 빠지게 만듦으로써 우리가 어떤 것에 대해 긍정적인 답변을 얻으려고 하는지 눈치채지 못하게 만들어야 한다.

상대가 의도적으로 '아니오'라고
대답할 것 같은 분위기를 눈치챘다면
처음 의도와는 정반대의 내용을
상대방에게 물어야 한다.

상대방을 화나게 만들어
올바른 판단을 방해한다

상대방을 자극하여 화나게 만들어라. 화가 난 상태에서는 올바른 판단을 내릴 수 없고, 장점을 제대로 발휘할 수 없기 때문이다.

상대방의 화를 돋우기 위해 노골적으로 부당한 짓을 하거나 그의 말에 트집을 잡으면 된다. 뻔뻔스러워져야 한다.

9

상대방의 화를 돋우기 위해
노골적으로 부당한 짓을 하거나
그의 말에 트집을 잡으면 된다.

말싸움을 걸어
무리한 주장을 하도록 유도한다

항변과 말싸움은 상대방을 자극하여 지나치게 무리한 주장을 펼치도록 만든다.

우리는 항변을 통해 상대방을 자극함으로써 원래는 그 자체로 진실이거나 어느 정도의 제한조건 하에서 진실인 그의 주장이 진실의 한계를 뛰어 넘도록 유도할 수 있다.

그런 다음 상대방의 과장된 주장을 반박하면, 마치 우리
가 상대방의 원래 주장까지도 반박한 것처럼 보일 것이다.

반대로 상대방의 항변에 자극받아 과장된 주장을 하거나
주장을 지나치게 확대하는 쪽으로 말려들지 않도록 조심해
야 한다. 상대방 역시 기회만 있으면 우리 주장을 원래보다
확대시키려고 나올 것이다.

우리는 상대의 이런 계략에 지체 없이 제동을 걸고, 다음
과 같은 말로써 그를 우리 주장의 경계선 안으로 되돌아오
게 만들어야 한다.

"나는 이런 한도 내에서 말한 것이지, 그 이상의 뜻으로 말
하지는 않았습니다."

10

변과 말싸움은 상대방을 자극하여
지나 게 무리한 주장을 펼치도록 만든다.

뜻밖의 화를 낸다면
그 부분을 집요하게 물고 늘어진다

우리가 제기한 어느 논거에 대해 상대방이 전혀 뜻밖의 화를 낸다면 끈질기게 물고 늘어져야 한다.

상대방의 화를 돋우는 것이 우리에게 유리할 뿐만 아니라, 이를 통해 우리가 그의 사고과정의 약점을 찾아냈다고 추측할 수 있기 때문이다.

이 부분을 집요하게 물고 늘어짐으로써 우리는 그에게 겉으로 드러난 것보다 훨씬 더 심각한 타격을 입힐 수 있다.

11

우리가 제기한 어느 논거에 대해
상대방이 전혀 뜻밖의 화를 낸다면
끈질기게 물고 늘어져야 한다.

상대방의 침묵은
곧 약점이다

질문이나 논거에 대해 상대방이 직접적인 대답이나 이의를 제기하지 않고, 다른 내용을 질문하거나 간접적인 답변이나 내용과 전혀 관계가 없는 말로 피해나가면서 다른 곳으로 화제를 전환하려고 할 때가 있다. 이는 우리가(미처 알지 못하는 사이에) 상대방의 약점을 건드렸다는 확실한 신호다.

즉 이것은 우리의 질문이나 논거 때문에 그의 말문이 막혔다는 증거다. 그러므로 이 부분을 집요하게 파고들어 상대방이 이 약점으로부터 도망가지 못하게 해야 한다.

우리가 건드린 약점이 무엇인지 잘 파악되지 않은 상태에서도 마찬가지다.

12

즉 이것은 우리의 질문이나 논거 때문에
그의 말문이 막혔다는 증거다.

_____

_____

_____

_____

_____

2부

더 강하게 반격하는 기술

상대방의 주장을
최대한 넓게 해석해 과장한다

상대방의 주장을 원래 의미보다 넓게 해석하고, 가능한 한 과장해서 받아들인다. 이에 반해 자신의 주장은 그 의미경계를 가능한 한 좁게 제한한다.

넓은 의미로 확대 해석 될수록 상대방의 공격을 받을 여지가 넓어지기 때문이다.

상대방의 이런 작전에 말려들지 않도록 토론의 쟁점이나 논쟁상황을 정확하게 밝혀둬야 한다.

● 사례 1

"영국인들은 세계에서 제일 뛰어난 연극적 재능을 지닌 국민입니다."라고 주장했을 때, 상대방은 단순반증을 시도하면서 내 주장에 대해 다음과 같이 반박했다.

"영국인들은 음악에 소질이 없기 때문에 좋은 오페라를 남길 수 없었다는 것 또한 잘 알려진 사실 아닙니까?"

나는 내 기억력을 총동원하여 그의 반박을 이렇게 몰아붙였다.

"음악은 드라마가 아니지요. 드라마는 오로지 희극과 비극뿐입니다."

아마 상대방도 이 정도 상식은 매우 잘 알고 있었을 것이다.

하지만 내 주장을 확실하게 격퇴시키기 위해 그것을 극장에서 공연되는 모든 장르의 극 형식으로 확대 해석 하려고 시도했다. 그는 극장에서 공연되는 오페라, 그리고 이 오페라에 사용되는 음악도 연극에 포함되는 것으로 확대 해석했다.

우리가 주장을 원래 의도보다 좁게 제한한다면 이런 위험으로부터 벗어날 수 있다.

● 사례 2

A가 말한다.

"1814년 평화조약이 독일의 모든 한자동맹 도시(중세 독일 북부의 여러 도시의 정치적, 상업적 동맹 – 옮긴이 주)들에게 다시 독립을 안겨줬다."

이에 대해 B는 단순반증을 시도하며 단찌히(Danzig)는 이 조약 때문에 나폴레옹이 허락해줬던 독립을 잃게 되었다고 말했다.

A는 다음과 같은 반박으로 이 위기를 벗어났다.

"내가 말한 것은 독일의 모든 한자동맹 도시예요. 단찌히는 폴란드의 한자도시였죠."

● 사례 3

1809년에 출판된 『동물철학』이라는 책에서 라마르크(Lamarck)는 폴립(강장동물)들은 신경계가 없기 때문에 감각을 느낄 수 없다고 주장했다.

그러나 폴립들도 감각능력이 있는 것은 분명하다. 빛을 쫓아 나뭇가지 사이를 이동하며 먹이를 잽싸게 낚아채기 때문이다.

그래서 사람들은 폴립들은 신경계가 몸 전체에 고르게 퍼져 있어 마치 녹아버린 것처럼 보인다고 생각했다. 그것들은 특별한 감각기관 없이도 사물들을 분명하게 감지해내기 때문이다.

라마르크의 가설을 뒤엎는 것이기 때문에 그는 토론술을 이용해 이렇게 주장한다.

"그렇다면 폴립의 신체부위는 모든 종류의 감각능력이 있고, 심지어 운동이나 의지 그리고 생각할 수 있는 능력까지 있어야 할 것이다. 또 폴립은 자기 몸의 모든 부위에 가장 진화한 동물의 기관을 가지고 있어야 할 것이다.

다시 말해 폴립은 자신의 모든 신체부위를 통해서 볼 수도 있고, 냄새를 맡을 수도 있으며, 맛을 볼 수도 있고, 들을 수도 있어야 하며, 생각하거나 판단하고 추론까지도 할 수 있어야 할 것이다.

만약 그렇다면, 그의 몸을 구성하고 있는 미립자들은 각각 가장 진화된 상태일 것이며, 폴립은 그 자체로 인간보다 더 진화된 동물이어야 할 것이다. 폴립의 몸을 이루는 모든 미립자들은 인간이 몸 전체로 행하는 능력을 지니고 있기 때문이다.

더군다나 우리가 폴립에 대해 주장하고 있는 이런 내용을 지구에서 가장 진화가 덜 된 존재인 단자(Monade)나 식물에게 까지 확대 적용하지 못할 까닭이 없게 된다."

이런 토론기술을 사용하는 사람은 스스로의 주장이 틀렸다는 것을 알고 있음을 은연중 드러내게 된다.

그의 주장의 출발점은 폴립은 온몸이 빛에 대한 감각을 가지고 있으며, 따라서 폴립은 신경조직을 가지고 있는 종이라는 사실이다. 이것으로부터 그는 폴립은 온몸으로 생각할 수 있는 능력이 있다는 주장을 이끌어낸 것이다.

13

DATE

상대방의 주장을 원래 의미보다 넓게 해석하고,
가능한 한 과장해서 받아들인다.

동음이의어를 이용해
교묘하게 반박한다

이음동의어(Synonyma)는 동일한 개념을 표현하는 두 개의 다른 낱말인 반면, 동음이의어(Homonma)는 같은 낱말을 사용하긴 하지만 두 가지 서로 다른 개념을 갖는 단어다.

예를 들어 '깊다', '잘리다', '크다' 등의 낱말은 물체나 소리에 같이 사용될 수 있는 동음이의어고, 독일어의 'Ehrlich'와

'Redlich'는 발음은 다르지만 둘 다 '정직하다'라는 뜻을 가진 이음동의어다.

이것은 상대방의 주장을 단어의 동일성 외에는 토론의 내용과 전혀 연관성 없는 내용으로까지 확대한 다음, 분명하게 반박함으로써 상대방의 주장을 물리친 것처럼 보이게 만드는 기술이다.

이 기술은 궤변론에서 사용하는 동음이의어와 동일한 것으로 생각할 수 있다. 하지만 궤변론에서 공공연하게 사용되는 동음이의어는 장난기 있게 상대방을 기만할 목적으로 사용된다.

모든 빛은 꺼질 수 있다.

오성은 빛이다.

오성은 꺼질 수 있다.

이 인용문에서 우리는 빛이라는 낱말이 한 번은 원래 의미대로 사용되었고, 다른 한 번은 상징적 의미로 사용되었다는 것을 한눈에 알 수 있다.

동일한 낱말로 지칭되는 개념들이 유사관계에 있거나 서로 중첩되는 경우, 토론에서 상대방을 속이는 기술로 이용할 수 있다.

● **사례 1**

A : 당신은 아직 칸트철학이라는 비밀종교를 모르고 계시는군요.

B : 나는 비밀종교 따위엔 관심 없어요.

● **사례 2**

상대방으로부터 모욕을 받아 명예가 훼손되었을 때, 상대방에게 더 큰 모욕을 가하거나 결투를 통해 피를 봄으로써 그 모욕을 씻어야 한다는 '명예의 원칙'을 나는 무식한 짓이라고 비난했다.

그 이유로 진정한 명예의 훼손은 그가 모욕으로 인해 심적인 고통을 당했기 때문이 아니라, 오직 그가 했던 행위 때문에 생길 수 있기 때문이라고 설명했다. 인간이라면 누구나 서로에게 모욕을 줄 수 있기 때문이다.

그러자 상대방은 내 주장의 근거를 직접적으로 공격했다. 그는 내게 이렇게 말했다.

"어떤 상인을 두고 그가 장사를 하면서 사기를 치고 불법적인 일을 한다거나 장사에는 관심이 없다고 헛소문을 퍼뜨리고 다닌다면, 이것은 그의 명예에 대한 공격이다. 오로지 그가 심적으로 고통을 당했다는 사실만으로도 그의 명예는 실추된 것이다. 여기서 그가 자신의 명예를 회복할 수 있는 방법은 이 공격자에게 상응하는 벌을 내림으로써 그 모욕을 취소하도록 하는 것이다."

그러므로 그는 여기서 동음이의어를 이용하여 '시민적 명예(일반적으로는 '좋은 평판'을 의미하며, 이것의 훼손은 '중상모략'

80

을 통해 이루어짐)'라는 낱말을 '기사의 명예(보통 '명예'에 관한 것을 의미하며, 이것의 훼손은 '모욕'을 통해 이루어짐)'라는 개념 속으로 떠넘긴 것이다.

그리고 '시민적 명예'에 관한 공격이 그냥 좌시할 수 없고 공개적인 반박을 통해 방어해야만 하는 것이기 때문에 '기사의 명예'에 대한 공격 역시 그냥 두고 볼 수만은 없으며, 더 강력한 모욕이나 결투를 통해 물리쳐야만 한다고 생각한다.

이로써 '명예'라는 동음이의어를 통해 본질적으로 서로 다른 두 가지 개념이 뒤섞이게 된다. 그렇게 동음이의어를 통해 '쟁점의 전이'가 이뤄지게 된 것이다.

14

동일한 낱말로 지칭되는 개념들이
유사관계에 있거나 서로 중첩되는 경우,
토론에서 상대방을 속이는 기술로
이용할 수 있다.

상대적 주장을
절대적 주장으로 바꿔 해석한다

조건을 달고 제기된 상대방의 상대적 주장을 보편적, 절대적인 주장인 것처럼 해석하거나 상대의 주장을 완전히 다른 의미로 파악한 다음, 바로 이런 의미에서 반박한다.

아리스토텔레스를 예로 들어보자.

무어인(흑인)은 검다.
하지만 치아만 보면 하얗다.
그러므로 그는 검은 동시에 검지 않다.

이것은 일부러 지어낸 예이기 때문에 아무도 여기에 진지하게 속아 넘어가지 않을 것이다.

이번에는 실제로 있었던 경험에서 나온 예를 하나 들어보자.

철학에 관한 대화에서 나는 내 철학체계가 정적주의자(스토아 학파)들을 옹호하고 칭찬한다는 점을 시인했다. 곧이어 대화는 헤겔에게 넘어갔고, 나는 그가 대부분 말도 안 되는 헛소리를 써 놓았거나 적어도 그의 글들 중 많은 부분은 뜻 모를 글자들만 적혀 있기 때문에 독자들이 의미를 부여해야만 할 것이라고 주장했다.

나의 이런 주장에 대해 상대방은 논쟁의 내용과 연관된 화술로 반박하지 않고, 논쟁 상대와 연관된 화술로 맞섰다.

"저라도 당신처럼 정적주의자들을 칭찬했을 것입니다. 그런데 그들도 헤겔과 마찬가지로 말도 안 되는 글을 많이 쓰지 않았습니까?"

일단 나는 그의 주장을 인정하기로 했다. 하지만 그의 말을 이렇게 고쳐줬다.

"나는 철학자나 문필가로서의 정적주의자들을 칭찬한 것이 아닙니다. 다시 말해, 내가 그들을 칭찬한 것은 그들이 이룬 이론적인 업적 때문이 아니라 한 인간으로서 그들이 보여준 도덕적 품행 때문이지요. 나는 오로지 도덕적 실천이라는 측면에서 그들을 칭찬했을 따름입니다. 반대로 내가 헤겔을 비난한 것도 그의 이론적 업적에 국한된 것입니다."

이것으로 나는 상대방의 공격을 물리칠 수 있었다.

13번, 14번, 15번의 세 가지 토론기술은 서로 비슷한 점이 있다. 이 세 가지 기술은 공통적으로 상대방이 원래 우리가 제기한 주장과는 다르게 해석하고, 이에 대해 반박했다는 부분에서 동일하다.

그러므로 이런 잔꾀에 속아 스스로 완패를 인정한다면 상대방이 내세운 반증을 제대로 파악하지 못한 우를 범한 꼴이 된다.

따라서 상대방에게 이런 식의 공격을 받았을 때는 상대방의 추론 과정의 논리적 일관성을 공격해서 무너뜨려야 한다. 다시 말해 그가 주장의 진실성에서 우리가 제기한 주장의 거짓됨을 논리적으로 추론해가는 방식으로 공격해야 한다.

따라서 이 기술은 상대방의 반증에 대해 그의 논리추론 과정을 문제 삼는 직접적인 반박이다.

15

그가 주장의 진실성에서
우리가 제기한 주장의 거짓됨을 논리적으로
추론해가는 방식으로 공격해야 한다.

전문지식이 부족한
청중을 이용해 반박한다

이 기술은 전문지식이 있는 학자들이 일반 청중 앞에서 논쟁을 벌일 때 사용할 수 있다.

　논쟁의 내용과 연관된 논거나 논쟁 상대와 연관된 논거 둘 다 가지고 있지 못할 경우, 우리는 청중을 향해 말도 안 되는 이의제기를 해야 한다. 하지만 이러한 이의제기에 타당성이 없다는 것은 오로지 전문가만이 알 수 있다. 청중은 전문가가 아니다. 그러므로 청중의 눈으로 볼 때 상대방은 패배한 것이 된다.

우리의 이의제기가 상대방의 주장을 우스꽝스럽게 만들 수 있다면 더할 나위 없다. 그렇게만 된다면 청중은 금세 웃음을 터뜨리게 될 것이고, 쉽게 우리 편으로 만들 수 있다.

우리의 이의제기가 터무니없는 것이라는 사실을 증명하려면, 상대방은 길고 지루한 설명을 해야 하고 이를 위해 여러 가지 과학법칙이나 그 밖의 문제들을 들춰내야 한다. 하지만 청중은 그의 말에 쉽게 귀를 기울이지 않을 것이다.

● 사례

상대방이 이렇게 말한다.

"태초에 산맥이 형성될 때, 화강암과 그 밖의 모든 산맥의 결정(結晶) 성분이 된 물질 덩어리는 열에 의해 녹아 액체상태로

흐르고 있었습니다. 그때의 온도는 약 200℃ 정도 되었을 것입니다. 이 덩어리가 바다 속으로 흘러 바다 수면 밑에서 딱딱한 물체로 굳어버렸던 것이지요."

이때 우리는 청중과 연관된 논거를 이렇게 펼친다.

"그 정도 온도라면, 아니 그보다 훨씬 낮은 온도인 80℃ 정도의 온도에서도 이미 바닷물은 몽땅 끓어올라 증기가 되어 공중으로 증발했을 것입니다."

이쯤 되면 청중은 박장대소를 터뜨릴 것이다. 여기서 그가 다시 우리에게 반격을 가하기 위해서는 다음과 같은 점을 증명해야 할 것이다.

"비등점은 온도뿐만 아니라 기압에 의해서도 결정되며 바닷물의 절반 정도가 수증기가 되어 공중으로 증발하면, 기압 역시 높아져 200℃ 정도에도 물은 끓지 않는다."

하지만 그는 이런 사실을 청중에게 이해시킬 수 없을 것이다. 물리학도가 아닌 평범한 청중에게 이것을 설명하려면 두꺼운 학술논문 한 편 정도는 있어야 하기 때문이다.

16

우리의 이의제기가 상대방의 주장을
우스꽝스럽게 만들 수 있다면 더할 나위 없다.

상대방의 말과 행동이
모순되는 지점을 찾는다

상대방이 어떤 주장을 펼칠 때 우리는 그의 주장이 어떤 방식으로든 이전에 주장했거나 시인했던 내용과 모순되지 않는지, 혹은 그가 칭송하고 인정하는 학파나 종파의 원칙, 또는 이 종파의 신봉자들의 행동, 심지어 진실하지 못한 사이비 추종자들의 행동이나 그런 주장을 펴는 상대방의 행동과 모순되지 않는지 조사해봐야 한다.

예를 들어 그가 자살을 옹호한다고 해보자. 우리는 지체 없이 "그러면 왜 당신은 목을 매지 않습니까?"라고 반박하면 된다.

또는 그가 "베를린은 잠깐 머물기에는 불편한 도시입니다."라고 주장한다면, 곧바로 우리는 "그러면 왜 당신은 첫 기차라도 잡아타고 당장 이곳을 떠나지 않으십니까?"라고 맞받아치면 된다.

이 기술을 사용하면 상대방의 주장을 저지할 수 있는 트집거리 하나 정도는 만들어낼 수 있다.

상대방이 어떤 주장을 펼칠 때 우리는
그의 주장이 어떤 방식으로든 이전에 주장했거나
시인했던 내용과 모순되지 않는지
조사해봐야 한다.

상대방의 논거를
역이용해 반격한다

상대방의 논거를 역이용하는 기술을 쓰면 효과적으로 반박할 수 있다. 이것은 상대방이 자신의 주장을 뒷받침하기 위해 이용하려고 하는 논거를 역이용하여 상대를 공격하는 기술이다.

예를 들어 상대방이 "그는 어린아이입니다. 그러므로 정상 참작이 필요합니다."라고 주장한다면 우리는 상대방의 이 논거를 역이용하여 다음과 같은 역공을 펼 수 있다.

　"바로 그가 어린아이이기 때문에 따끔하게 혼내야 합니다. 그래야만 그런 나쁜 버릇에 물들지 않을 테니까요."

18

이것은 상대방이 자신의 주장을 뒷받침하기 위해
이용하려고 하는 논거를 역이용하여
상대를 공격하는 기술이다.

단 하나의 반증사례만으로
상대방을 제압한다

보편적인 결론을 추론해내기 위한 귀납법(낱낱의 구체적인 사실로부터 일반적인 명제나 법칙을 이끌어내는 추론방법 – 옮긴이 주)은 수많은 사례들을 필요로 한다.

이에 반해 '현행범 체포식'이라는 논증방법은 제기된 보편적인 결론에 부합되지 않는 단 한 가지 사례만 있으면 된다. 그러면 그 결론은 무너지고 만다. 그와 같은 한 가지 사례를 우리는 '반증사례'라고 부른다.

예를 들어 "반추동물(소나 염소처럼 한 번 삼킨 먹이를 다시 입속으로 씹어 삼켜 되새김질을 하는 동물 – 옮긴이 주)은 모두 뿔이 나 있다."라는 주장은 낙타라는 단 한 가지 반증사례만으로도 격퇴시킬 수 있다.

이 반증기술은 보편적인 진리를 이용하는데, 보편적인 진리의 중심개념에는 포함되지만 보편적인 진리로는 간주되지 않는 사례들을 제시함으로써 상대방의 주장을 물리치는 기술이다.

하지만 이때 속임수가 있을 수 있다. 따라서 우리는 상대방이 반증사례를 제시할 경우 다음과 같은 점을 조심해야 한다.

① 제시된 사례가 현실적으로도 참인지 여부

수많은 기적이나 유령 이야기 등 현실세계에서는 참으로 받아들여질 수 없는 사례들이 문제해결을 위한 유일한 해결책으로 제시될 때가 있기 때문이다.

② 제시된 사례가 지금 토론되고 있는 내용의 진리개념 안에 실제로 속해있는지 여부

단지 겉으로만 진실처럼 보이는 사례가 자주 있기 때문이다. 이 경우 우리는 예리한 구분을 통해 이 문제를 해결할 수 있다.

③ 제시된 사례가 지금 토론되고 있는 내용의 진리성과 실제로 모순되는지 여부

이것도 마찬가지로 겉으로 보기에만 그런 경우가 자주 있기 때문이다.

이것은 단순반증을 통한 간접반박 기술에 해당된다.

'현행범 체포식'이라는 논증방법은
제기된 보편적인 결론에 부합되지 않는
단 한 가지 사례만 있으면 된다.

사안을 일반화하여
보편적인 관점에서 반박한다

상대방이 자신의 주장 중 어떤 특정한 부분에 대해 이의를 제기해 보라고 분명하게 요구했지만 이에 대해 특별한 이의 제기 거리가 없을 때가 있다. 이런 경우에 우리는 사안을 일반화하여 보편적인 관점에서 반박하면 된다.

예를 들어 왜 특정한 물리학 가설을 믿지 않는지에 대해 말해야 한다면 우리는 인간이 알고 있는 지식의 허위성에 대해 말하고 잡다한 예를 들어가며 설명하면 된다.

20

상대방이 자신의 주장 중
어떤 특정한 부분에 대해 이의를 제기해 보라고
분명하게 요구했지만 이에 대해
특별한 이의제기 거리가 없을 때가 있다.

_____

_____

_____

_____

_____

상대방의 주장을
이미 반박된 범주 속에 집어넣는다

우리와 대립되는 상대방의 주장을 다음과 같은 방법을 통해 간단하게 물리치거나 최소한 의심스럽게 만들 수 있다.

즉 그것은 유사성이 있거나 느슨하게나마 연관성이 있다면, 상대방의 주장을 사람들이 혐오하는 범주 속에 넣는 방법이다.

예를 들자면 다음과 같다.

"그것은 관념론이야.", "그것은 스피노자주의야.", "그것은 범신론이야.", "그것은 자연주의야.", "그것은 무신론이야.", "그것은 합리주의야.", "그것은 유심론이야.", "그것은 신비주의야." 등등.

여기서 우리는 두 가지 사실을 가정하고 있다.

①

상대방의 주장이 이 범주와 동일하거나 최소한 이 속에 포함되어 있다. 따라서 우리는 다음과 같이 외친다.

"오! 우리는 그것을 벌써 다 알고 있습니다."

②

이 범주는 이미 반박된 것이며, 따라서 어떤 진리도 담을 수 없다.

21

유사성이 있거나
느슨하게나마 연관성이 있다면,
상대방의 주장을
사람들이 혐오하는 범주 속에 넣는다.

_____

_____

_____

_____

_____

틀린 증거를 빌미삼아
정당한 명제까지도 반박한다

상대방이 내용상으로는 정당한 걸 주장하지만, 다행히 주장을 뒷받침할 증거를 잘못 선택했을 때가 있다.

이때 우리는 증거를 손쉽게 반박하고, 이것을 그의 주장에 대한 내용상의 반박이라고 간주할 수 있다.

원칙적으로 이 기술은 논증 상대와 연관된 논증을 논쟁 내용과 연관된 논증으로 바꿔 제기하는 것이다. 이때 상대방이나 그의 편에 서 있는 사람들이 올바른 증거를 대지 못한다면, 우리는 이 논쟁에서 이길 수 있다.

예를 들어 어떤 사람이 '신이 존재한다'는 명제를 존재론적으로 증명하기 위해 너무 쉽게 반박당할 수 있는 증거를 들이대는 경우가 그렇다.

이는 형편없는 변호사들이 사건 내용상 충분히 승산이 있는 소송에서 패소하게 되는 경우와 같다. 그들이 진 이유는 그 사건의 내용과 전혀 어울리지 않는 법률로 주장을 정당화하려고 했으며, 여기에 알맞은 법률이 떠오르지 않았기 때문이다.

22

원칙적으로 이 기술은
논증 상대와 연관된 논증을 논쟁 내용과
연관된 논증으로 바꿔 제기하는 것이다.

_____

_____

_____

_____

상대방의 궤변에는
궤변으로 맞선다

상대가 겉으로만 그럴듯하게 보이거나 궤변에 가까운 논증을 펼치고 있다는 사실을 간파했다면, 상대방 논거의 허구성과 함정을 낱낱이 파헤침으로써 그 논거를 물리칠 수 있다.

하지만 상대방의 논거에 대해 마찬가지로 겉으로만 그럴 듯하게 보이고 궤변에 가까운 반증으로 맞서 물리친다면, 그것이 더 좋은 방법이 될 것이다. 중요한 것은 진리가 아니라 이기는 것이기 때문이다.

상대방이 논쟁 상대와 연관된 화술로 나온다면, 똑같이 그것을 논쟁 상대와 연관된 반증으로 물리치는 것으로 충분하다. 사안의 진위를 밝히기 위해 오랜 시간 논쟁을 벌이는 것보다 가능하면 논쟁 상대와 연관된 화술을 구사하는 것이 시간 절약의 측면에서 훨씬 더 효율적이다.

23

상대가 겉으로만 그럴듯하게 보이거나
궤변에 가까운 논증을 펼치고 있다는 사실을
간파했다면, 논거의 허구성을
낱낱이 파헤침으로써 물리칠 수 있다.

3부

결론을 이끌어내는 기술

상대방이 자신의 결론을
미리 예측하지 못하게 한다

어떤 결론을 내리려고 할 경우, 상대방이 미리 예측하지 못하게 하라. 그리고 대화 중에 눈치채지 못하게 상대방의 정신을 혼란스럽게 만들어 여러분이 내세운 전제들을 개별적으로 인정하게 만들어라. 만약 이렇게 하지 않는다면 상대방은 온갖 수단을 동원해서 트집을 잡으려고 할 것이다.

혹 상대방이 그것을 인정하지 않을 것 같다는 의심이 든다면 그 전제들에 대한 전제들을 또 제시하라. 다시 말해 결론이 다음 삼단논법의 전제가 되는 전삼단논법(前三段論法)을 만들어야 한다.

그 다음 전삼단논법의 전제들에 대해 순서를 따지지 말고 뒤죽박죽 뒤섞어 상대의 시인을 받아내라. 상대방으로부터 여러분이 필요로 하는 모든 시인을 받아낼 때까지 당신의 속임수를 숨겨야 한다.

그러니까 여러분의 목적이 먼 곳에서부터 이뤄지게 해야 한다. 이에 대해서는 사례를 들 필요가 없다.

24

상대방으로부터 여러분이 필요로 하는
모든 시인을 받아낼 때까지
당신의 속임수를 숨겨야 한다.

결론을 이끌어내는
질문은 두서없이 한다

결론을 이끌어내는 데 필요한 질문들은 체계적이며 질서정
연하게 할 것이 아니라 중구난방으로 하라. 그러면 그는 우
리가 그 질문을 통해 무엇을 원하는지 눈치채지 못할 것이
며, 이에 대해 아무런 사전대비도 하지 못할 것이다.

그러면 우리는 그로부터 얻어낸 대답들을 이용해 여러 가지 결론을 이끌어낼 수 있다. 경우에 따라서 우리는 그의 대답을 이용하여 정반대의 결론을 이끌어낼 수도 있다.

자신의 기술을 상대방에게 위장해야 한다는 점에서 이 기술은 앞에서 설명한 24번 기술과 비슷하다.

결론을 이끌어내는 데 필요한 질문들은
체계적이며 질서정연하게 할 것이 아니라
중구난방으로 하라.

참 전제가 안 통하면
거짓 전제로 결론을 도출한다

상대방이 참인 전제를 인정하지 않을 경우, 주장의 진실성
을 증명하기 위해 거짓 전제를 사용할 수 있다.

때로는 상대방이 이 전제의 진실성을 미처 알아차리지 못
해 우리의 전제를 받아들이지 않기도 한다. 이때 우리는 그
자체로서는 거짓이지만, 논쟁 상대와 연관해서는 참이 되는

전제들을 내세우고 상대방의 사고방식을 이용하여 우리 주장의 참됨을 인정받을 수 있다.

참인 전제로부터 거짓 결론은 결코 나올 수 없지만, 참된 결론은 거짓 전제에서도 도출될 수 있기 때문이다.

이와 마찬가지로 우리는 상대방의 거짓 주장을 또 다른 거짓된, 하지만 상대방은 참이라고 믿고 있는 주장을 통해서 반박할 수 있다. 이 논쟁에서 우리는 상대방의 사고방식을 이용해야만 한다.

예를 들어 그가 우리가 인정하지 않는 종파의 추종자라면, 우리는 그 종파의 잠언을 논쟁의 전제로 사용할 수 있다.

26

상대방이 참인 전제를 인정하지 않을 경우,
주장의 진실성을 증명하기 위해
거짓 전제를 사용할 수 있다.

거짓추론과 왜곡을 통해
억지결론을 끌어낸다

상대방이 사용한 개념에 대한 거짓추론과 왜곡을 통해 상대방의 주장 속에 포함되어 있지도 않고, 상대방의 의견도 아니며, 허무맹랑하고 위험스럽기까지 한 주장들을 억지로 끌어낼 수 있다.

이런 상황에서는 상대방의 주장으로부터 객관적 진리 또는 상대방이 인정한 진리와 부합되지 않는 결론이 도출된 것처럼 보인다.

그러므로 이것은 간접반박으로 간주되며, 근거가 될 수 없는 것을 근거로 가정함으로써 상대방을 기만하는 기술을 사용한 예시다.

거짓추론과 왜곡을 통해
상대방의 주장 속에 포함되어 있지도 않고,
허무맹랑하고 위험스럽기까지 한 주장들을
억지로 끌어낼 수 있다.

근거가 되지 않는 답변마저도
결론의 근거로 삼는다

이것은 철면피처럼 뻔뻔스럽게 상대를 공격하는 기술이다.

　우선 상대방에게 여러 가지 질문을 던진 다음, 유리한 답변을 얻어내지 못하더라도 답변을 근거로 하여 우리가 원하는 결론을 내려버린다.

우리의 결론이 그의 답변으로부터 유추될 수 없더라도 답변을 통해 그것이 증명된 것처럼 의기양양한 태도를 취해야 한다.

상대방이 소심한 성격이거나 머리가 나쁜 사람이라면, 그리고 우리가 철면피처럼 두꺼운 얼굴을 가지고 있고 목소리도 크다면 이 기술은 매우 잘 먹혀 들어갈 것이다.

이것은 앞의 27번과 같이 근거가 될 수 없는 것을 근거로 가정함으로써 상대방을 기만하는 기술에 속한다.

28

우리의 결론이 그의 답변으로부터
유추될 수 없더라도 답변을 통해
그것이 증명된 것처럼
의기양양한 태도를 취해야 한다.

개별 사실의 시인을
보편적 진리에 대한 시인으로 간주한다

우리가 귀납법을 사용하고, 상대방이 우리에게 귀납법적 결론 도출을 위해 필요한 개별적인 사실에 대해 시인할 경우, 우리는 그에게 이런 개별사실로부터 추론된 보편적 진리에 대해서도 시인할 것인지 물어볼 필요가 없다.

우리는 단지 보편적 진리의 문제는 이미 해결되었으며 그로부터 이에 대한 시인도 받아냈다고 설명하기만 하면 된다. 이쯤 되면 그도 어쩔 수 없이 시인할 수밖에 없을 것이다.

청중 역시 그런 인상을 받을 가능성이 높다. 그들도 개별 사실에 대해 그동안 우리가 제기한 많은 질문들을 기억하고, 이 질문들이 이미 목적을 달성했다고 생각할 것이기 때문이다.

29

우리는 단지 보편적 진리의 문제는
이미 해결되었으며
그로부터 이에 대한 시인도 받아냈다고
설명하기만 하면 된다.

몇 가지 전제들에 대한
시인만으로도 얼른 결론을 내린다

상대방에게 우리 주장의 전제들에 대해 질문을 던지고 상대방의 시인을 받아냈다면, 더 이상 물어볼 것 없이 이 대답을 근거로 하여 곧바로 결론을 이끌어내야 한다.

심지어 우리가 필요로 하는 전제들 가운데 아직 한두 가지 전제에 대해서 시인을 못 받았다 할지라도, 우리는 29번에서와 마찬가지로 상대방이 시인한 것으로 간주하고 결론을 이끌어내야 한다.

이것도 근거가 될 수 없는 것을 근거로 간주하여 상대방을 기만하는 기술을 사용한 것이다.

30

아직 한두 가지 전제에 대해서
시인을 못 받았다 할지라도,
상대방이 시인한 것으로 간주하고
결론을 이끌어내야 한다.

_____

_____

_____

_____

_____

4부

위기에서 탈출하는 기술

반격당한 부분을 세밀하게 구분해
위기를 모면한다

상대방이 반증거리를 제시하며 우리를 궁지로 몰아갈 경우, 우리 주장을 다시 세밀하게 구분함으로써 이 위기를 모면할 수 있다.

이 기술은 토론의 쟁점이 이중적인 의미나 이중적인 경우로 해석될 때 사용할 수 있다.

31

상대방이 반증거리를 제시하며
우리를 궁지로 몰아갈 경우,
우리 주장을 다시 세밀하게 구분함으로써
이 위기를 모면할 수 있다.

상황이 불리하다 싶으면
새빨리 생섬을 바꾼다

상대방이 우리 주장을 물리칠 만한 논거를 손에 쥐었다는 낌새를 포착했다면, 그가 자신의 논증을 끝까지 밀고 가도록 가만히 내버려두어서는 안 된다.

적절한 때를 잡아 논쟁을 중단하거나 논의를 다른 방향으로 돌려놓아야 한다. 관련해서는 34번 기술을 참조하면 된다.

32

적절한 때를 잡아 논쟁을 중단하거나
논의를 다른 방향으로 돌려놓아야 한다.

_____

_____

_____

_____

_____

상대방에게 유리한 논거는
순환논법이라고 몰아붙인다

지금 논쟁을 벌이고 있는 문제와 직접적으로 연관된 내용에 대해 상대방이 우리에게 시인할 것을 요구한다면, 우리는 그것을 순환논법(3번 기술을 참고)이라고 주장하면서 거절해야 한다.

상대방이나 청중은 지금 쟁점이 되고 있는 문제를 다루고 있는 주장과 이것과 거의 비슷한 문제를 다루고 있는 주장을 쉽게 동일시할 것이기 때문이다.

이를 통해 우리는 상대방에게 결정적으로 유리한 논거로부터 빠져나올 수 있다.

상대방이나 청중은 지금 쟁점이 되고 있는
문제를 다루고 있는 주장과
거의 비슷한 문제를 다루고 있는 주장을
쉽게 동일시한다.

_____

_____

_____

_____

_____

질 것 같으면 진지한 태도로
갑자기 딴소리를 한다

논쟁 도중에 질 것 같다는 생각이 들면 재빨리 화제의 전환을 시도해야 한다.

　다시 말해 그것이 논쟁의 본질적인 사안인 것처럼, 또 상대방의 주장에 대한 반증인 것처럼, 느닷없이 엉뚱한 이야기를 시작해야 한다.

전환된 화제가 지금까지 진행된 논쟁 내용과 연관된다면 화제의 전환은 겸손하면서도 조심스럽게 이뤄지겠지만, 전환된 화제가 논쟁 내용에 대해서는 전혀 언급하지 않고 오로지 논쟁 상대방하고만 연관될 때 화제의 전환은 매우 뻔뻔스럽게 이뤄질 것이다.

● 사례

내가 중국에는 세습귀족이 없으며 관직은 오로지 과거시험의 결과에 따라서만 책봉된다고 칭찬했다. 그러자 상대방은 좋은 가문(그는 이것을 중요하게 생각하긴 했다)과 마찬가지로 뛰어난 학식도 관직을 차지하는 데 별 도움이 되지 않았다고 주장했다.

상황이 내게 유리하게 끝날 것 같으니까 그는 곧바로 화제의 전환을 시도했다. 그는 중국에는 죄를 지으면 신분을 막론하고 누구나 '태형(주로 발바닥을 치는 처벌 - 옮긴이 주)'이라는 벌을 받게 된다고 말했다. 그리고 이를 중국인들이 차를 많이 마시는 문화와 연결시키고, 두 가지 문화 모두를 비난했다.

이때 그의 말에 모두 동의하는 사람은 작전에 말려들어 논점으로부터 이탈하게 되며, 이로 인해 당신은 다잡은 승리를 손에서 놓친다.

진행 중인 논쟁의 쟁점으로부터 완전히 벗어나기 위해서는 매우 뻔뻔스럽게 화제의 전환을 시도해야만 한다. 이를테면 다음과 같다.

"좋아요. 얼마 전에 이런 주장을 하시지 않았나요?"

화제의 전환은 일정 부분 객관성이 결여된 인신공격에 가까운 것이기 때문이다. 이에 대해서는 마지막 38번에 가서 자세히 다루겠다. 좀 더 자세하게 말하자면 화제의 전환은 인신공격과 논쟁 상대방과 연관된 논증 사이의 중간 단계다.

사람들 사이에서 벌어지는 말싸움을 살펴 보면 우리 인간이 이 기술을 선천적으로 배우고 태어났음을 알 수 있다. 즉 어떤 사람이 상대방에게 인신공격을 한다면 상대방은 논리적으로 반박하는 것이 아니라, 공격자를 상대로 또 다른 인신공격을 가한다. 이로 인해 그는 자기에게 가해진 인신공격에 대해 아무런 조치도 취하지 않음으로써 마치 시인하는 듯한 인상을 주는 것이다.

그는 이탈리아에 사는 카르타고인들이 아니라 아프리카에 사는 카르타고인들을 공격한 로마 장군 스키피오(Scipio)처럼 화제의 전환을 시도한 것이다.

전쟁에서 이뤄지는 이런 방향 전환은 때때로 유익할 수도 있다. 하지만 말싸움에서는 그리 좋은 방법이 아니다. 상대로부터 받은 비난을 그대로 내버려둠으로써 청중이 양쪽 논쟁자들에 대한 나쁜 이야기를 모두 알게 되기 때문이다.

이 화제 전환의 기술은 부득이한 경우에만 사용해야 한다.

34

논쟁 도중에 질 것 같다는 생각이 들면
재빨리 화제의 전환을 시도해야 한다.

반론할 게 없으면 무슨 소린지
못 알아듣겠다고 말한다

상대방이 제시한 근거에 대해 반론을 제기할 방법이 없을 경우, 미묘한 반어법을 이용하여 자신이 무식해서 무슨 소리인지 도무지 모르겠다고 말해라.

"지금 당신이 말씀하신 것은 저의 형편없는 머리로는 도저히 이해할 수 없군요. 당신 말씀이 맞는 것 같기는 한데,

저는 도무지 알아들을 수 없습니다. 이 때문에 저는 그 어떤 판단도 내릴 수 없습니다."

이렇게 말함으로써 우리는 청중들에게 상대방이 한 말이 모두 허튼소리라고 중상모략할 수 있다.

칸트(I. Kant)의 『순수이성비판』이 출판되고 높은 명성을 누리기 시작할 무렵, 고루한 철학 교수들은 "무슨 소린지 하나도 모르겠다."라고 말했다. 그리고 그들은 칸트가 주장하는 내용들을 모두 물리친 것으로 간주했다.

하지만 칸트를 따르는 몇몇 젊은 철학자들이 이 고루한 교수들이 털어놓았던 것처럼 그들이 실제로 칸트 철학을 하나도 이해하지 못했다는 사실을 입증했을 때, 이 교수들은 매우 쓸쓸한 기분을 느껴야만 했다.

이 기술은 우리가 청중으로부터 상대방과는 비교되지 않을 정도로 존경을 받고 있다는 확신이 설 경우에만 사용해야 한다. 이를테면 교수 대 학생의 관계 같은 경우다. 원래 이 기술은 2번에서 설명한 기술에 속하며, 합당한 근거 대신 자신의 권위를 악의적으로 이용한다.

이에 대한 반격은 다음과 같이 해야 한다. "무슨 말씀을 하시는 겁니까? 당신의 탁월한 통찰력에 비춰봤을 당신이 제 말을 이해하는 것은 그리 어려운 일이 아닐 것입니다. 모두 제가 설명을 잘못 드린 탓이겠죠."

이렇게 하면 상대방은 이 사안에서 벗어나지 못하게 되고, 좋든 싫든 간에 이것을 이해해야 하는 상황에 처한다. 이로써 그가 애당초 이것을 이해하지 못했다는 사실이 분명하게 드러난다.

상황은 다시 역전된다. 즉 상대방이 우리 주장을 말도 되지 않는 소리라고 매도하려고 했지만, 우리는 그가 우리 주장을 전혀 이해하지 못했다는 사실을 증명했다. 2번과 마찬가지로 이 기술은 정중하게 예의를 갖춰 사용해야 한다.

이 기술은 우리가 청중으로부터
상대방과는 비교되지 않을 정도로
존경을 받고 있다는 확신이 설 경우에만
사용해야 한다.

_____

_____

_____

_____

_____

이론상으로는 맞지만
실제론 틀리다고 억지를 쓴다

"그것은 이론상으로는 맞지만, 실제로는 틀립니다."

이와 같은 궤변을 통해 우리는 상대방 주장의 근거는 인정하면서도 그 결과에 대해서는 부정할 수 있다.

이것은 '논리적 추론은 당연히 근거로부터 결과로 이어져야 한다.'는 규칙과 모순된다.

그러므로 이런 주장은 논리적으로는 불가능하다. 이론상으로 옳은 명제는 실제로도 올바른 것이어야 하기 때문이다. 이것이 맞지 않다면 이론의 어딘가에 오류가 있든지, 아니면 무언가가 간과되거나 고려되지 않은 것이다. 따라서 그것은 이론상으로도 틀렸다.

36

궤변을 통해 우리는 상대방 주장의 근거는
인정하면서도 그 결과에 대해서는
부정할 수 있다.

불합리한 주장을 증명하기 힘들면
아리송한 명제를 던진다

불합리한 주장을 해서 증명할 길이 막연할 때가 있다. 이 경우에 우리는 상대방이 단번에 올바르다는 것을 알 수 없는 주장을 해서, 그것을 받아들이거나 거부하도록 유도해야 한다. 물론 우리는 이때 상대방의 선택을 근거로 하여 주장을 증명하려는 듯한 인상을 줘야 한다.

상대가 의심을 품고 그것을 거부할 경우, 우리는 그의 선택이 불합리하다는 것을 증명하고 쉽게 승리를 거둘 수 있다.

하지만 상대방이 받아들일 경우, 일단 합리적으로 토론을 진행하면서 계속 상황을 지켜봐야 한다.

여의치 않을 경우, 앞서 28번에서 배운 기술을 여기에 사용하여 상대방의 대답으로부터 우리의 불합리한 주장이 증명되었음을 뻔뻔스럽게 주장할 수도 있다.

이 기술을 위해서는 극도의 뻔뻔스러움이 필요하다. 하지만 이것은 경험에서부터 우러나오기도 하며, 본능적으로 이 기술을 잘 사용하는 사람들도 있다.

37

DATE

상대방의 대답으로부터
우리의 불합리한 주장이 증명되었음을
뻔뻔스럽게 주장할 수 있다.

인신공격은
최후의 수단이다

상대방이 탁월하여 도저히 이길 수 없다는 생각이 들면 인
신공격이나 모욕 그리고 무례한 행동으로 공격해야 한다.

인신공격의 핵심은 논쟁의 내용(이 부분에서 우리는 패할 수
밖에 없기 때문에)을 떠나 수단과 방법을 가리지 않고 논쟁 상
대방과 그의 인격을 공격하는 데 있다. 이것은 논쟁 상대방

과 연관된 논증과 구분하여 '인신공격을 통한 논증'이라고 불린다.

논쟁 상대방과 연관된 논증이 순수 객관적인 내용, 다시 말해 상대방이 말했거나 시인했던 내용을 근거로 하여 출발한다면 인신공격에서는 객관적인 내용을 완전히 무시한 채 상대방의 인격을 공격의 목표로 삼는다.

즉 논쟁 상대에게 악의적인 독설을 퍼부음으로써 그의 마음에 상처를 주거나 거친 말을 사용하여 그의 인격을 모욕해야 한다. 이것은 이성적인 능력에 호소하기보다는 육체적인 능력과 야수성에 호소하는 기술이다.

누구나 이 기술을 유용하게 사용할 수 있기 때문에 인신공격은 매우 애호되는 기술이다. 우리는 이 기술이 매우 빈번하게 사용되고 있음을 눈으로 직접 확인할 수 있다.

여기서 문제가 되는 것은 상대방이 어떤 대응기술로 나오

느냐는 것이다. 그가 우리가 사용한 것과 동일한 기술로 맞
선다면 멱살잡이, 결투 또는 명예훼손으로 인한 소송이 일
어날 수 있기 때문이다.

내가 먼저 상대방에게 인신공격을 하지 않으면 그만 아니
냐고 생각한다면 오산이다. 논쟁에서 승리하는 대부분의 경
우에서 알 수 있듯 상대방의 부당함, 즉 상대방이 잘못 생각
하고, 잘못 판단했다는 것을 침착하게 보여주는 것이 거칠
고 모욕적인 말을 내뱉는 것보다 훨씬 더 상대방을 화나게
할 수 있기 때문이다.

전혀 의도하지 않았음에도 불구하고 우리는 왜 이처럼 상
대방을 화나게 만드는 걸까? 영국의 철학자 홉스(Hobbes)는
『시민론』에서 그 이유를 다음과 같이 밝히고 있다.

"인간이 진정한 기쁨을 느낄 수 있는 것은 다른 사람과 비교했
을 때, 자신이 훨씬 더 우월하다고 생각하기 때문이다."

인간에게 허영심을 만족시키는 것보다 더 큰 기쁨은 없으며, 이 허영심에 상처가 나는 것보다 더 아픈 것은 없다(바로 여기서 "명예가 생명보다 더 소중하다."라는 격언이 나왔다). 이런 허영심의 충족은 주로 자신을 다른 사람들과 비교함으로써 성취할 수 있다. 이것은 모든 인간관계에서 일어날 수 있지만, 주로 지력과 연관해서 생긴다.

문제는 이 지력이 논쟁에서 매우 강력한 영향력을 미치며 활동한다는 것이다. 그러므로 토론에서 진 사람은 비록 그가 부당하게 진 것이 아니라고 해도 심한 분노를 느낀다. 이 때문에 그는 최후의 수단으로 이 기술을 꺼낸다.

그러므로 우리가 예의를 갖춰 정정당당하게 나간다고 해서 이 기술을 피할 수 있는 것은 아니다. 하지만 어느 때라도 냉정함을 잃지 않는 것이 유리하다.

다시 말해 상대방이 인신공격을 하자마자 우리는 그것은 토론 내용과 상관없는 이야기라고 조용히 대답하고, 곧바로 토론의 쟁점으로 되돌아와 그의 주장이 부당함을 계속 증명해야 한다.

중요한 것은 상대방의 모욕을 완전히 무시하는 것이다. 마치 테미스토클레스(Themistokles)가 유리비아 데스(Eurybiades)에게 다음과 같이 말했던 것과 흡사하다.

"나를 때리시오, 하지만 내 말 좀 들어보시오."

그러나 누구나 이렇게 할 수 있는 것은 아니다. 그러므로 이에 대응하기 위한 유일한 수단은 아리스토텔레스가 『토피카』의 마지막 장에서 설명한 방법뿐이다.

즉 닥치는 대로 아무하고나 논쟁을 벌여서는 안 되며, 자신이 잘 알고 있고, 이치에 맞지 않는 주장을 하지 않으며, 어쩔 수 없이 그랬다면 매우 창피하게 여길 만큼 충분히 이성적인 사람들하고만 토론을 해야 한다.

그리고 권위로 내리누르지 않고, 근거를 가지고 논쟁을 벌이며, 상대방의 합리적인 근거에 대해서는 귀를 기울이고, 그것에 동의할 수 있는 사람, 진리를 높이 평가하고 상대방의 입에서 나온 것이라 할지라도 정당한 근거에 대해서는 기꺼이 받아들이는 공평무사한 사람, 마지막으로 상대방의 주장이 진리라는 판단이 서면 기꺼이 자신의 부당함을 인정하는 고통을 참을 수 있는 사람하고만 토론을 벌여야 한다.

여기서부터 나오는 결론은 토론을 벌일 만한 가치가 있는 사람은 100명 중에 한 명도 안 된다는 것이다. 나머지 99명의 사람들은 그들이 하고 싶은 말을 하도록 그냥 내버려둬도 된다. 무식은 인간의 권리다.

그리고 볼테르(Voltaire)가 한 말을 명심해야 한다.

"평화가 진리보다 더 값진 것이다."

아랍의 속담에는 다음과 같은 말도 있다.

"침묵의 나무에는 평화의 열매가 맺힌다."

물론 논쟁은 두 사람의 머리가 마찰을 빚음으로써 이뤄지는 행위로서 상호간에 유용한 측면도 있다. 우리는 논쟁을 통해 자기 생각을 교정할 수도 있고, 새로운 견해를 만들어 낼 수도 있다.

하지만 이것이 가능하려면 논쟁의 당사자들의 전문지식이나 지력이 비슷한 수준이어야 한다. 두 사람 중 한 사람이라도 전문지식이 없다면, 그는 논쟁 내용을 모두 이해하지 못하고, 논쟁의 수준을 따라가지 못할 것이다. 또 지력이 떨어질 경우에는 논쟁으로 유발된 격분이 그를 거짓말과 속임수 또는 야만성으로 유혹하게 될 것이다.

사적인 논쟁 또는 가족끼리 이뤄지는 논쟁과 대학 졸업을 위한 구두시험에서 벌어지는 공적인 논쟁 사이에는 어떤 본질적인 차이도 존재하지 않는다.

다만 후자의 경우에는 응답자가 항상 상대방에게 자신의 정당성을 입증해야 하며, 이 때문에 필요한 경우 심사위원장이 그를 도와준다는 것뿐이다. 또 한 가지 덧붙이자면 전자보다는 후자의 경우에 논쟁이 훨씬 더 격식을 갖춰 진행되고, 우리 주장도 논리적 추론이라는 엄격한 형식을 갖춰야 한다.

상대방이 탁월하여 도저히
이길 수 없다는 생각이 들면
인신공격이나 모욕
그리고 무례한 행동으로 공격해야 한다.

논쟁적 토론술이란 무엇인가?

'토론술(Dialektik)'과 '논리학(Logik)'이라는 말이 고대로부터 동의어로 사용된 탓에 이 두 단어의 의미를 자유롭게 구분할 수 없게 되었다는 것은 매우 유감스러운 일이다.

내가 바라는 바로는 '논리학'('숙고하다', '계산하다', '언어', '이성'이라는 뜻의 희랍어 어원을 가지고 있음)은 '사고의 규칙', 즉 '이성의 합리적 작용방식'에 대해 연구하는 학문으로 정의되었으면 좋겠고, '토론술'('담판을 벌이다'는 뜻의 희랍어 어원을 가짐)은 '논쟁하는 기술'로 정의되었으면 좋겠다.

이렇게 가정한다면, 논리학은 모든 외적인 강요로부터 벗어나 순수하게 진리탐구만을 목적으로 한다. 다시 말해 논리학은 우리에게 어떤 외적인 강요 없이 순수한 생각으로 진리를 발견할 수 있게 하는 법칙이나 이성의 합리적 작용방식을 규명하는 학문이다.

따라서 그 어떤 외압에도 흔들리지 않는 이성적인 존재로서 인간이 진리를 찾기 위해 고독하게 숙고할 때 논리학을 이용한다.

이에 반해 토론술은 두 명의 이성적인 사람들이 똑같은 테마를 놓고 서로 다른 의견을 가지고 있을 때 일어나는 논쟁, 즉 정신적인 싸움을 주로 다룬다.

오로지 진리만을 추구하는 순수한 이성을 가진 사람들이라면 의견의 일치를 볼 수도 있다. 하지만 그들이 의견의 일치를 볼 수 없는 이유는 서로 다른 성격을 가진 인간들에게서 본질적으로 나타나는 개성의 차이 때문이다. 그들이 보이는 의견의 불일치는 진리를 찾겠다는 순수한 의지 때문이 아니라, 이것과는 전혀 관계없는 외적인 요인 때문이다.

생각하는 방법을 연구하는 학문이자 이성의 합리적인 작용방식에 관한 학문인 논리학은 순전히 진리를 탐구하는 것으로 구성되어 있다.

반면에 토론술은 대부분 실제 논쟁 경험으로부터 나온 것이다. 즉 토론술은 두 명의 이성적인 사람이 동일한 문제를 놓고 함께 생각하는 과정에서 개성의 차이로 인해 진리를 찾는 순수한 사고활동이 겪게 되는 장애들과, 자신의 개인적인 생각을 순수하고 객관적 진리로 인정받기 위해 사용하는 기술을 경험적으로 파악하는 것으로 구성된다.

토론술이 필요한 이유는 두 사람이 동일한 테마를 함께 생각하는 과정에서 A가 B의 생각이 자신과 다르다는 것을 아는 순간, 인간의 본성상 A는 잘못이 어디에 있는가를 찾아내기 위해 우선 자기 생각을 점검하는 것이 아니라, 잘못이 상대방에게 있다고 전제하기 때문이다. 다시 말해 인간은 항상 자신이 옳아야 한다는 생각을 선천적으로 타고난 존재다.

토론술이라고 부르고 싶은 이 기술은 인간의 이런 특성으로 인해 어떤 결과가 빚어지는지를 가르쳐 준다. 하지만 오해를 피하기 위해 나는 이 기술을 '논쟁적 토론술'이라고 부르겠다. 그러므로 이 기술은 항상 자기가 옳다고 주장하는 인간이 태어나면서부터 배운 여러 가지 행동방식에 대해 가르쳐 준다.

논쟁적 토론술이란 정당한 방법은 물론이고 정당하지 못한 방법을 통해서라도 자신의 주장이 옳다는 것을 증명하는 논쟁기술이다. 이 기술이 필요한 이유는 객관적으로 정당한 나의 주장도 우리 편은 물론이고 심지어 내 자신의 눈에도 옳지 않게 보일 수 있기 때문이다.

이를테면 상대방이 내 주장을 반박했는데, 타당한 반박이라고 간주되는 경우가 있다. 이때 내가 다시 반증할 수 있는 증거들이 있을 수 있는데도 상황은 그에게 유리하게 역전된다. 객관적으로 봤을 때 옳은 주장이 아니지만 그는 토론에서 이긴다. 그러므로 어떤 주장의 객관적 진실성과 논쟁자와 청중이 인정하는 주장의 타당성은 전혀 별개의 것이다. 토론술은 후자를 지향한다.

왜 이런 현상이 일어나는가? 바로 인간의 타고난 사악함 때문이다. 인간에게 이런 사악함이 없다면, 즉 인간이 근본적으로 정직하다면 모든 논쟁은 진실을 밝혀내는 것만을 목적으로 할 것이며 나와 상대방 중 누구의 견해가 진리에 부합되는가 하는 문제는 전혀 중요하지 않을 것이다.

이것은 전혀 신경 쓸 필요가 없는 문제이거나 아주 사소한 문제에 불과할 것이다. 하지만 이제는 제일 중요한 일이 되었다.

머리가 좋고 나쁨에 대해 특히 민감하게 반응하는 인간의 타고난 허영심은 우리가 처음 내세운 주장이 거짓으로 판명되고, 상대방이 옳은 것으로 증명되는 것을 허용하지 않는다.

따라서 논쟁과 토론에 임하는 개인은 오로지 올바른 판단을 내리기 위해 노력해야 할 것이고, 이를 위해 우선 심사숙고한 다음에 자신의 의견을 개진해야 한다.

하지만 인간의 타고난 허영심에는 수다스러움과 솔직하지 못함까지 덧붙여져 있다. 그들은 신중하게 생각하지 않은 채 말하고, 나중에 자신의 주장이 틀렸다는 것을 깨닫더라도 태연하게 보이려고 노력한다.

애당초 진실된 주장이라고 자칭하며 제시할 때 유일한 동기가 되었던 진리에 대한 관심은 허영심에 굴복하고 말았다. 이 때문에 진리도 거짓처럼 보일 수 있게 되었고, 거짓도 진리처럼 보일 수 있게 되었다.

솔직하지 못한 태도, 즉 우리 눈에도 분명히 틀리게 보이는 주장을 끝까지 고집하는 행위에도 나름대로 변명의 여지는 있다. 상대방의 반증이 우리 주장에 대한 확신을 뒤엎어 버릴 것처럼 보여 주장의 핵심을 포기했지만, 나중에 우리가 옳았다는 것을 깨달을 때도 있기 때문이다.

당시에는 우리의 증명이 틀렸지만, 우리 주장을 뒷받침해 줄 올바른 증명은 있을 수 있으며 다만 우리를 구원해 줄 논거가 곧바로 떠오르지 않았을 뿐이다.

그러므로 이제 상대방의 반증이 아무리 올바르고 근거가 충분한 것처럼 보이더라도, 겉보기에만 그렇고 논쟁을 벌여나가는 과정에서 이것을 뒤집을 또 다른 논거나 다른 관점에서 우리 주장의 진실성을 증명해줄 논거가 떠오를 거라는 믿음을 가지고 계속 싸워야 한다는 원칙이 생긴다.

이 때문에 우리는 논쟁을 벌일 때 솔직한 자세로 임하지 않거나 유혹을 쉽게 뿌리칠 수 없다. 이런 형태로 우리의 나쁜 머리와 의지의 불합리함은 서로 도움을 주고받는 것이다.

논쟁을 벌이는 사람은 진리가 아니라 자신의 주장을 위해 싸운다. 그는 가정을 지키기 위해 싸우는 사람들처럼 수단과 방법을 가리지 않는데, 앞에서 살펴봤듯이 그 사람의 입장에선 달리 뾰족한 수가 없기 때문이다.

사람들은 자신의 주장이 한순간 거짓되거나 의심스럽게 보인다 할지라도 어떻게든 주장을 관철시키려고 한다. 이를 위해 모든 사람은 간교함과 비열함이라는 보조 수단을 어느 정도씩 가지고 있다.

토론술을 순수하게 이론적으로 정립하기 위해서는 객관

적 진리에(이것은 논리학의 문제다) 대해서는 신경 쓰지 말고, 이를 단순히 논쟁에서 이기는 기술 정도로 간주하는 것이 중요하다.

물론 우리 주장이 그 자체로 정당하다면 논쟁에서 이기는 것은 훨씬 더 쉬울 것이다. 하지만 토론술 자체는 모든 유형의 공격, 특히 정직하지 않은 공격으로부터 자신을 방어하는 기술과 함께 자기모순도 없고, 반증의 여지를 전혀 남기지 않은 채 상대방의 주장을 공격하는 기술도 가르쳐야 한다.

이를 위해 우리는 객관적 진리를 순수하게 발견하는 것과 자신의 주장이 진리로 간주될 수 있게 만드는 기술을 구분해야만 한다.

전자는 학술논문에서 다뤄야 할 문제이고 판단력, 깊은 생각, 그리고 경험이 필요한 작업이다. 이를 위해 특별한 기술이 필요한 것도 아니다.

하지만 후자는 토론하는 기술이 목적이다. 사람들은 이것을 '허구의 논리학'이라고 정의하지만, 그것은 잘못된 생각이다. 만약 그렇다면 토론술은 거짓 주장들을 방어하는 데에만 사용되어야 한다. 하지만 우리 주장이 옳을 때에도 토론술이 필요하다.

우리는 상대방의 잔꾀에 맞서기 위해 상대방이 어떤 거짓된 잔머리를 돌리고 있는지를 알아야 한다. 다시 말해 상대방이 쓰는 것과 동일한 무기로 상대방을 무찌르기 위해 우리는 잔꾀를 자주 사용해야만 한다.

이 때문에 토론술에서는 객관적 진리를 잠시 옆으로 제쳐두거나 중요하지 않은 것으로 간주할 수밖에 없다. 토론술에서는 자기 주장을 방어하고 상대방의 주장을 뒤엎는 것만이 중요하다.

토론술의 규칙에서 우리가 객관적 진리를 고려해야 할 의무는 없다. 대개의 경우 진리가 어느 쪽에 있는지는 아무도 알 수 없기 때문이다. 즉 자기 주장이 옳은지 아닌지 자기 자신도 모를 때가 종종 있다.

또한 자신이 옳다고 믿다가도 그 확신이 흔들리는 경우도 허다하며, 어떤 경우에는 양쪽 모두 자신이 옳다고 믿는 경우도 있다. '진리는 깊은 곳에 숨어 있기' 때문이다.

논쟁이 붙기 시작할 즈음에는 보통 양쪽 다 자신이 옳다고 확신한다. 하지만 논쟁이 진행되면서 양쪽 모두 이런 확신을 의심하게 되며, 이 논쟁이 끝나야 비로소 누가 진리를 주장했는지 결정난다.

그러므로 토론술은 진리를 찾는 것에는 관심이 없다. 검객이 결투를 초래한 언쟁에서 누가 옳은가에 대해 전혀 생각하지 않는 것과 마찬가지다. 즉 칼로 상대방을 찌르고 상대방의 칼을 방어하는 것만이 문제가 될 뿐이다.

토론술도 마찬가지다. 토론술은 정신이라는 칼을 들고 하는 검술이다. 이렇게 순수하게 파악해야 토론술을 독자적인 분야로 정립할 수 있다.

우리가 순수 객관적 진리를 목표로 삼는다면 논쟁은 단순 논리학으로 되돌아간다. 이와 반대로, 오직 거짓된 주장을 관철시키는 것을 목표로 삼는다면 단순 궤변술만을 익히게 될 것이다.

그리고 이 두 경우에는 무엇이 객관적 진리이고 무엇이 거짓인지를 이미 알고 있다는 것을 전제로 한다. 하지만 이것을 사전에 아는 것은 거의 불가능하다.

그러므로 토론술의 진정한 개념은 앞에서 설정한 것과 같다. 즉 '논쟁에서 이기는 정신적 검술'이다. '논쟁술'이라는 이름이 더 적절할 수도 있으나, 가장 정확한 명칭은 '논쟁적 토론술'이 될 것이다.

이런 의미에서 토론술은 논쟁에서 진실이 자기 쪽에 있지 않다는 것을 눈치챘음에도 이기기 위해 대부분의 사람들이 이용하는 기술들을 체계와 규칙이라는 형식을 갖춰 요약·설명해 놓은 것에 불과하다.

학술적인 토론처럼 객관적 진리와 이를 해명하는 데 관심을 둔다면 토론술의 원래 목적에서 크게 어긋나 있는 것이다. 원래 의미의 토론술에서는 그런 일이 일어날 수 없으며, 토론술의 목적은 논쟁에서 이기는 것뿐이기 때문이다.

따라서 우리가 생각하는 '학문적 토론술'은 논쟁에서 볼 수 있는 잔꾀의 분석을 주된 과제로 삼는다. 여기서 나온 연구 결과의 도움을 받아 우리는 실제 논쟁에서 잔꾀를 금방 알아차리고, 물리칠 수 있다.

바로 이 때문에 논쟁적 토론술은 객관적 진리가 아니라, 토론에서 이기는 것을 목적으로 삼는다고 자백할 수밖에 없다.

아무리 찾아봐도 이런 내용의 지침서는 없는 것 같다. 그러므로 토론술은 전인미답의 영역이라고 할 수 있겠다. 이런 상황에서 일정한 목적을 이루기 위해 우리는 경험으로부터 새로운 기술을 개발하고, 사람들과의 관계에서 빈번하게 일어나는 언쟁에서 보이는 기술들이 누구에 의해 어떻게 사용되고 있는지를 잘 살펴봐야 한다.

그리고 여러 다른 형태의 기술들을 일반화함으로써 누구나 보편적으로 사용할 수 있는 몇 가지 기술들을 만들어내야 한다. 만약 그렇게 할 수 있다면 이 기술들은 우리가 직접 사용할 수도 있고, 상대방이 이 기술을 사용할 때 그것을 무력화시키는 데도 매우 유용하게 이용될 것이다.

이 책에서 설명하는 38가지 토론의 기술들은 이를 위한 최초의 시도라 할 수 있다.

쇼펜하우어의 논쟁에서
압도적으로 이기는
38가지 기술

초판 1쇄 발행 2024년 1월 30일

지은이 | 아르투어 쇼펜하우어
옮긴이 | 최성욱
펴낸곳 | 원앤원북스
펴낸이 | 오운영
경영총괄 | 박종명
편집 | 김슬기 최윤정 김형욱 이광민
디자인 | 윤지예 이영재
마케팅 | 문준영 이지은 박미애
디지털콘텐츠 | 안태정
등록번호 | 제2018-000146호(2018년 1월 23일)
주소 | 04091 서울시 마포구 토정로 222 한국출판콘텐츠센터 319호(신수동)
전화 | (02)719-7735   팩스 | (02)719-7736
이메일 | onobooks2018@naver.com   블로그 | blog.naver.com/onobooks2018

값 | 17,000원

ISBN 979-11-7043-491-7 03190